설민석의 한국사 대모험 스토리 시리즈

설민석의 가장 쉬운 한국사

2. 역사를 이끈 인물 편

글 김지균

유쾌하고 기발한 상상력을 바탕으로 기쁨과 슬픔, 지혜로움 등 다양한 정서와 삶의 가치를 담은 글을 써 온 동화작가이자 어린이책 편집자예요. 《대저택의 돈 버는 건 개고생》, 《대저택의 수상한 침입자》, 《대저택의 어둠을 부르는 책》, 《대저택의 돈 버는 건 개고생》, 《대저택의 고장 난 태엽 시계》, 《설민석의 가장 쉬운 한국사》 1권 역사를 바꾼 사건 편, 《용선생이 간다》 16권 멕시코 편, 17권 아르헨티나 편 등을 썼으며, 《과학 뒤집기 기본 편》, 《사회 뒤집기 기본 편》, 《국어 뒤집기 기본 편》, 《꼬마 과학 뒤집기》, 《꼬마 수학 뒤집기》 등의 전집 시리즈를 총괄 기획하고 편집 책임자로서 역할을 했어요.

그림 김창호

만화가 이태호, 권가야 선생님 문하로 만화의 세계로 들어와 청소년 수련관에서 만화와 일러스트 강사로 활동했어요. 2006년 《아이세움 코믹스-과학 상식》 시리즈로 데뷔 후 《책 도깨비에게 뚝딱 배우는 문해력 어휘편》, 《문해력 미로에서 탈출하라!》, 《국어 천재가 된 철수와 영희의 맞춤법 배틀》, 《상식발전소 6: 찌릿찌릿 동물》, 《어쩌다 쭈구리》 등의 책에 삽화를 그렸으며 동아출판 <과학 동아>와 교원 <위즈키즈>에서 만화와 삽화를 연재했어요. 위트 있는 그림과 상상력 넘치는 이야기로 아이들에게 즐거움을 선물하고 있어요.

감수 단꿈아이

유·아동을 위한 에듀테인먼트 콘텐츠 브랜드예요. 아이들이 꾸는 꿈이 곧 우리의 미래라는 가치 아래 새롭고, 즐겁고, 유익한 아동 인문학 콘텐츠로 단꿈의 주인인 아이들을 응원하고 있어요. 단꿈아이의 다양하고 풍부한 스토리를 접한 아이들이 무한대로 상상하고 자유롭게 꿈꾸며 자신만의 이야기를 만들어 가기를, 그 속에서 정해진 정답이 아닌 세상을 바꿀 위대한 질문을 하며 성장할 수 있게 되기를 바란답니다.

설민석의 한국사 대모험 스토리 시리즈

설민석의 가장 쉬운 한국사

2. 역사를 이끈 인물 편

글 김지균 | 그림 김창호 | 감수 단꿈아이

서울문화사

한국사를 공부하는 어린이 친구들에게

안녕, 친구들아!

아주 오래전 고구려 땅에서 살다가 이곳으로 온 지도 꽤 지났네.

그동안 내 신랑감인 부마를 찾아다니다가 온달을 만나게 되었고, 역사에 대해 전혀 모르는 온달을 공부시키려고 설쌤과 함께 역사 여행을 참 많이 다니게 되었어.

우리를 지켜본 친구들이라면 우리의 역사 여행이 위험한 고비를 여러 차례 넘길 정도로 간단치 않았다는 것을 알 거야.

그러다 보니 역사 여행을 떠나기 전엔 여러 가지 생각이 들면서 막막하기도 하단다.

'이번 여행에서는 무사히 돌아올 수 있을까?'

'사고뭉치 온달이 말썽을 피우지 않아야 할 텐데……'

'어서 온달을 똑똑하게 만들어서 고구려로 돌아가야지!'

후유, 온달에게 역사를 모두 알게 하는 것은 쉽지 않아.

설쌤과 함께 역사 공부를 하면 할수록 역사는 간단하게 설명할 수 없는 수많은 사건이 복잡하게 엮여 있고, 수많은 인물에 대해 제대로 알아야만 이해할 수 있다는 것을 알게 되었어. 우리는 참 많은 여행을 다녔잖아. 그래서 이제 온달도 역사에 대해 꽤 알게 되었고, 우리를 지켜본 너희들도 온달 못지않게 역사 지식이 꽤 쌓였을 거야. 그래서 이제 역사 여행을 그만 다녀도 되지 않을까 싶었는데 설쌤이 아직도 갈 길이 멀다고 하셔.

우리의 역사 모험을 담은 <설민석의 한국사 대모험> 시리즈에서도 알 수 있듯이 설쌤은 역사 지식을 단순히 암기해서는 안 된다고 하셨어. 한국사를 공부할 때 즐거우면서도 진지한 태도를 지녀야 한다고 했고, 역사적 사실에 대해 정확히 알려고 노력해야 한다고 하셨지.

그리고 역사는 과거의, 지나가 버린 일만은 아니라고도 하셨어. 오래전 살았던 인물, 벌어졌던 사건, 흔적이 남은 문화유산들은 현재를 살아가는 우리에게 많은 지침을 주는 선물이라는 거야.

이번에 역사 여행을 떠나는 것은 온달에게 여러 교훈을 알려 주기 위해서야. 한국사에는 역사를 이끈 아주 중요한 인물들, 영웅들이 있단다. 이들을 직접 만나서 이들이 어떤 생각을 가졌고, 어떻게 행동했는지를 살펴볼 거야.

설쌤은 이 역사 인물들을 통해 삶의 교훈까지 얻기를 바란다고 해. 너희도 이번 시간 여행을 따라가며 나처럼 무언가 깨닫는 것이 있었으면 좋겠어.

새로운 한국사 모험을 떠날 준비가 됐으면, 우리 선조들의 찬란한 역사 속으로 다 같이 떠나보자고!

평강 보냄

이 책의 구성과 특징

재미있는 만화로 아이들의 흥미를 UP!

본격적으로
역사 공부를 시작하기 전
설쌤, 평강, 온달이 등장하는
엉뚱하고 재미있는 만화로
아이들의 흥미를 높여 줘요.

연표로 한국사의 흐름을 한눈에 파악!

세 개의 챕터를 나누는 속표지를
연표 형식으로 구성해 각 사건들이
어느 시대에 일어났었는지 한눈에 알 수
있게 했어요. 연표를 자세히 살펴보면
한국사의 큰 흐름을 파악하고
역사적인 배경을 이해하는 데
도움이 될 거예요.

현장감 넘치는 스토리텔링으로 전해 듣는 재미있는 한국사!

설쌤, 평강, 온달이 과거 시대로 넘어가 직접 보고 듣는 흥미진진한 이야기와 재미있는 삽화
로 역사 속 주요 인물들을 설명해 줘요. 마치 친구에게 재미난 일화를 전해 듣는 것처럼 술술
읽을 수 있어 쉽고 재미있게 한국사를 공부할 수 있어요.

어려운 용어의 뜻풀이로 어휘력 향상!

어휘를 모르면 아무리 쉽고
재미있는 이야기라도 맥락을
파악하기 어려워요. 그래서
어려운 용어는 한자와 함께
뜻풀이를 하여 이해하기 쉽
도록 하였어요.

생동감 있는 삽화로
재미와 공감까지!

역사 속 인물들의 이야기를 재미있는 삽화로 담았어요. 인물들의 풍부한 표정과 생생한 상황 묘사를 보다 보면 마치 내가 역사 현장에 가 있는 것처럼 더 실감나게 몰입하고 공감할 수 있을 거예요.

풍부한 시각 자료를 활용한 알짜배기 한국사 지식!

본문에서 다루어 주지 못한 다양하고 유익한 한국사 이야기들을 재미있는 그림과 생생한 사진으로 알차게 다루었어요. 우리 역사 속 중요한 사건들이나 주요 인물들에 대한 이야기, 유적·유물, 사회 문화에 대한 정보 등을 다양하게 다루어 한국사에 대한 폭넓은 지식을 습득할 수 있어요.

핵심 문제를 풀며 실력 다지기!

앞에서 공부한 내용들을 복습하며 한국사 실력을 탄탄히 다질 수 있어요.

설쌤

한국사에 대한 애정이 아주 깊은
고구려의 태학박사예요.
시간 여행을 통해 온달의 역사 지식을
성장시켜 준 스승으로, 온달에게
부족한 점이 여전히 많은 것을
깨닫고, 새로운 역사 여행을 떠나요.

평강

고구려의 공주로 자신의 신랑감을
찾아 설쌤과 함께 미래로 왔다가 온달을
점찍었어요. 철부지에 성격이 급해 가끔
소동을 일으키지만, 역사 여행을 다니며
한층 성숙해졌어요. 이번 여행에서는
큰 소동을 일으키지 않겠지요?

온달

음식만 탐하는 먹보에 역사라곤 하나도 모르는
아이였어요. 놀랍게도 시간 여행을 다니며 역사를
사랑하고, 역사 지식을 많이 아는 아이로 성장하고
있어요. 이제 공주의 부마가 될 자격이 될까요?
이번 역사 여행을 다녀와 봐야 알 것 같네요.

온달의 무거운 엉덩이

으허엉~!!
공부를 잘하려면 엉덩이를
의자에 오래 붙이고
앉아 있어야 한다더니,

순 거짓말이었어!!!

하루에 10시간씩
앉아 있었는데!!!

지겨워~!

졸려….

배고파….

윽! X마려.

그럼 의자를
못 떠나느니
어쩌니 했던 게
설마….

이제야
모든 의문이
풀렸구나.

15

16

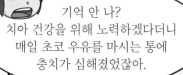

기억 안 나?
치아 건강을 위해 노력하겠다더니
매일 초코 우유를 마시는 통에
충치가 심해졌잖아.

그뿐이야? 물을 아끼기로 마음먹었다
더니 일주일 동안 안 씻는 통에
냄새가 나서 다들 피해 다녔잖아.

○○ 치과

그건 내가 잠깐
착각했던 거지~.

그건….

온달아, 굳은 마음을 먹어도
잘못된 판단을 하면 그런 결과가
나오기도 하는 거란다.

그래도 정말
억울해.

내가 얼마나
굳게 다짐하고
애썼는데.

몽땅피자

OPEN

그렇지!
역사 여행을 하면서
온달에게 깨달음을
주어야겠구나.

역사 여행요?

좋아요!

자, 그럼 낙랑 공주와
호동 왕자의 이야기부터
만나러 떠나 보자~!

1 굳은 마음과 잘못된 판단

선사·고조선 시대
약 70만 년 전~기원전 108년

약 70만 년 전
구석기 시대
시작됨

떼석기

기원전 8000년경
신석기 시대
시작됨

빗살무늬
토기

기원전 2333년
단군왕검,
고조선 건국

기원전 108년
고조선 멸망

임 향한
일편단심이야
가실 줄이 있으랴.

팔만대장경

1251년
팔만대장경 완성

조선 시대
1392년~1897년

1443년
세종, 훈민정음 창제
(1446년, 반포)

1392년
고려 멸망
이성계, 조선 건국

1270년
무신 정권
무너짐

1231년
몽골 1차 침입
(~1259년, 6차례)

1592년
임진왜란
일어남

1636년
병자호란
일어남

크흑,
이런 치욕을
당하다니….

수원 화성

1882년
임오군란 일어남

1884년
갑신정변 일어남

1796년
수원 화성
완공

1811년
홍경래의 난
일어남

1876년
강화도 조약
맺음

1894년
동학 농민 운동
일어남

1866년
제너럴셔먼호 사건,
병인양요 일어남

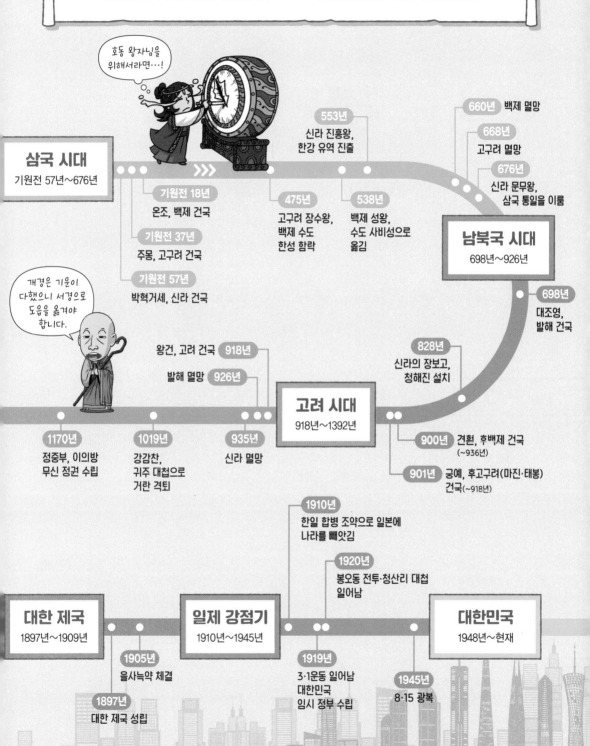

- 나라를 바친 공주의 사랑
- 조선을 거부한 정몽주의 최후
- 황제의 나라를 꿈꾼 묘청
- 삼전도의 굴욕을 겪은 인조

호동 왕자님을 위해서라면…!

553년
신라 진흥왕,
한강 유역 진출

660년 백제 멸망

668년
고구려 멸망

676년
신라 문무왕,
삼국 통일을 이룸

삼국 시대
기원전 57년~676년

기원전 18년
온조, 백제 건국

475년
고구려 장수왕,
백제 수도
한성 함락

538년
백제 성왕,
수도 사비성으로
옮김

기원전 37년
주몽, 고구려 건국

기원전 57년
박혁거세, 신라 건국

남북국 시대
698년~926년

개경은 기운이 다했으니 서경으로 도읍을 옮겨야 합니다.

왕건, 고려 건국 918년

발해 멸망 926년

698년
대조영,
발해 건국

828년
신라의 장보고,
청해진 설치

고려 시대
918년~1392년

1170년
정중부, 이의방
무신 정권 수립

1019년
강감찬,
귀주 대첩으로
거란 격퇴

935년
신라 멸망

900년 견훤, 후백제 건국
(~936년)

901년 궁예, 후고구려(마진·태봉)
건국 (~918년)

1910년
한일 합병 조약으로 일본에
나라를 빼앗김

1920년
봉오동 전투·청산리 대첩
일어남

대한 제국
1897년~1909년

일제 강점기
1910년~1945년

대한민국
1948년~현재

1905년
을사늑약 체결

1897년
대한 제국 성립

1919년
3·1운동 일어남
대한민국
임시 정부 수립

1945년
8·15 광복

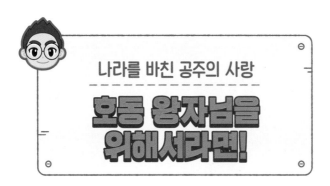

나라를 바친 공주의 사랑

호동 왕자님을 위해서라면!

밤공기를 가르며 찬바람이 나뭇가지를 흔들고 있었어요. 나무들은 바람에 흔들리며 소곤소곤 비밀 이야기를 속삭이고 있는 것 같았어요.

온달이 바들바들 떨며 발걸음을 재촉했어요.

"여긴 어딘데 이렇게 추워요?"

"낙랑국이 있는 북쪽이어서 춥지. 서둘러 가면 보고 싶었던 이들을 만날 수 있을 거야. 이쪽으로 가자."

숲을 헤치고 좀 더 걸어가자 수많은 집들이 보였어요. 그중에 가장 큰 궁궐 같은 곳으로 다가갔고, 돌담을 따라 걷고 있을 때였어요. 돌담 안쪽에서 누군가의 말소리가 들렸어요. 설쌤이 땅바닥에 엎드리며 낮은 목소리로 말했어요.

"안에 누가 있는지 봐!"

평강이 설쌤의 등에 올라서서 담장 너머를 살펴보고 내려왔어요. 달빛이 환하게 비쳐서 먼 곳도 잘 보였어요.

"저기 아이돌처럼 멋지게 생긴 남자가 있어요."

온달이 입을 삐죽이더니 설쌤의 등에 올라서서 담장 안을 살폈어요.

"오오, 무지 예쁘게 생긴 누나도 있어요!"

설쌤이 허리를 두드리며 일어났어요.

"아이고, 허리야! 저리로 가서 무슨 말을 하는지 들어 보자."

셋은 발뒤꿈치를 들고 살금살금 담장을 따라 걸었어요. 잘생긴 아이돌과 예쁜 누나의 말소리가 잘 들리는 곳에 멈춰 서서 담장 안에서 들려오는 소리를 엿들었어요.

"왕자님! 고구려로 돌아가시면 우리는 언제 다시 만날 수 있을까요?"

"공주님! 당신과 나는 혼인을 약속한 사이지 않소. 내가 돌아가서 혼인을 허락받은 다음 전갈*을 보내리다."

두 사람의 말은 바람을 타고 나뭇가지 사이를 맴돌았어요. 둘은 새벽이슬이 내릴 때까지 이야기를 나누었고, 동이 틀 무렵이 되자 잘생긴 아이돌이 문을 나와 떠나는 것이 보였어요.

평강이 잘생긴 아이돌의 뒷모습을 보며 아쉬워했어요.

전갈(傳喝)　傳 전할 전　喝 꾸짖을 갈
사람을 시켜서 말을 전하거나 안부를 묻는 것
또는 전하는 말이나 안부를 말해요.

"설쌤, 저 사람은 누구예요?"

"고구려 3대 왕인 대무신왕의 아들, 호동 왕자란다. 함께 있던 여인은 낙랑 공주지."

듣고 있던 온달이 고개를 갸웃거렸어요.

"두 사람의 사랑 이야기를 보려고 역사 여행을 떠나온 거예요? 어휴, 나 그렇게 한가하지 않은데……. 학원도 가야 하고, 축구도 해야 하고, 삼겹살도 먹기로 했단 말이에요."

"두 사람의 사랑 이야기에 슬픈 역사가 깃들어 있단다."

설쌤은 둘이 만나게 된 사연을 이야기해 주었어요.

"옛날엔 나라의 국경이 명확하게 구분되어 있지 않았어. 어

느 날 호동 왕자가 옥저 땅까지 나섰다가 우연히 낙랑국의 왕이었던 최리를 마주쳤어. 최리는 멋진 모습을 한 호동 왕자를 자신의 딸과 맺어 주고 싶어서 낙랑국으로 데리고 간 거야.”

평강이 눈빛을 반짝거리며 물었어요.

“그때 호동 왕자와 낙랑 공주가 처음 본 거네요?”

“그렇지. 낙랑 공주는 호동 왕자에게 첫눈에 반한 것 같아. 호동 왕자도 낙랑 공주를 사랑하게 된 건진 모르겠지만.”

“좀 전에 들은 말소리로는 서로 사랑하는 것 같았어요.”

설쌤이 고개를 갸웃거렸어요.

“그런 것 같긴 해. 하지만 열 길 물속은 알아도 한 길 사람 속은 모른다고 하잖니. 좀 더 지켜봐 보렴.”

설쌤과 온달, 평강은 낙랑국 사람으로 위장해 낙랑 공주 주변을 맴돌았어요. 며칠 뒤, 낙랑 공주에게 수상한 사람이 다가가서 몰래 편지를 전해 주는 것을 보게 되었어요. 호동 왕자에게서 온 전갈 같았어요. 낙랑 공주는 주변을 둘러보더니 편지를 품속에 넣고 아무도 없는 숲속으로 갔어요. 설쌤과 온달, 평강이 몰래 뒤를 밟았지요.

숲에 도착한 낙랑 공주가 편지를 펼쳐서 혼잣말로 읽었고, 그 소리가 바람을 타고 들렸어요.

“공주, 나도 혼인을 서두르고 싶소. 다만, 조건이 있다오. 그대가 나라의 무기고에 들어가 북을 찢고 뿔피리를 부순다면 극진한 예를 갖추어 혼인할 수 있지만, 그렇지 못하면 나도 혼인할 수가 없다오!”

편지를 다 읽은 낙랑 공주는 그 자리에 주저앉아 눈물을 흘렸어요.

“아, 호동 왕자님의 늠름*한 모습을 빨리 보고 싶어!”

낙랑 공주는 자리에서 벌떡 일어나 고개를 흔들었어요.

“아니야. 하지만 나라를 배신할 순 없어!”

낙랑 공주는 마음이 오락가락하는 것 같았어요. 다시 주저앉아 호동 왕자를 그리워하는 마음을 털어놓았어요.

“왕자님도 나를 그리워하고 있을 거야. 왕자님도 당장 나와 혼인하고 싶지만, 어쩔 수 없이 저런 조건을 내걸었을 거야. 불쌍한 왕자님! 왕자님을 위해서라면 무슨 일이든 해야만 해.”

낙랑 공주는 결심한 듯 자리에서 벌떡 일어났어요. 이미 해는 져서 어두운 밤이 되어 있었어요.

평강이 낙랑 공주에게 가 보려 할 때 설쌤이 막았어요.

“설쌤, 낙랑 공주를 막아야 해요. 자명고와 자명각은 적이 쳐들어올 때 스스로 울리는 신비한 북과 뿔피리잖아요. 그걸

늠름(凜凜) | 凜 찰 **름(늠)** 凜 찰 **름(늠)**
'늠름하다'라고 쓰이며 생김새나 태도가 의젓하고 당당한 걸 뜻해요.

부수면 낙랑국이 위험에 처할 거예요."

온달도 평강 편을 들었어요.

"호동 왕자는 나쁜 남자예요. 어휴, 그런 나쁜 남자에게 당하게 해선 안 되죠."

설쌤이 완강하게 둘을 말렸어요.

"우리가 막아선 안 돼. 호동 왕자도 아버지인 대무신왕의 뜻을 거역할 수 없어서 저런 편지를 보낸 것일 수도 있지. 이제 낙랑 공주가 어떤 선택을 할지 따라가 보자꾸나."

낙랑 공주는 깊은 밤, 자신의 방에서 나왔어요. 모두가 잠든 시각이었어요. 낙랑 공주는 살금살금 발걸음을 옮겨서 무기고로 다가갔어요. 무기고의 문을 연 낙랑 공주가 보였어요. 설쌤과 온달, 평강은 살짝 열린 문틈으로 안을 들여다보았어요.

무기고 안에는 커다란 북과 뿔피리가 걸려 있었어요. 적이 침입할 때 스스로 울린다는 자명고와 자명각이었지요. 낙랑 공주가 품에서 칼을 꺼내어 자명고에 다가갔어요. 그때 평강이 불쑥 무기고 안으로 뛰어들어 갔어요.

"공주님! 그 북을 찢으면 안 돼요!"

낙랑 공주가 평강을 밀쳤어요.

"저리 가! 난 왕자님의 말씀을 들어야 해."

평강이 다시 낙랑 공주에게 다
가가려 할 땐 이미 낙랑 공주의 칼
끝이 자명고에 깊숙이 박혀 있었
어요. 낙랑 공주는 힘을 주어 북을
찢고 말았어요. 평강이 놀란 눈으
로 쳐다보았지요. 낙랑 공주는 옆
에 있던 뿔피리도 망가뜨렸어요.

설쌤이 무기고 안으로 들어가 평강을 데려 나왔어요.

무기고 안에서 낙랑 공주가 울부짖는 소리가 들렸어요.

"왕자님, 보셨죠? 왕자님을 위해서 제 손으로 낙랑의 보물들
을 망가뜨렸어요. 왕자님, 이제 다 됐나요?"

그때 낙랑 공주에게 전갈을 전한 고구려의 첩자가 몰래 지켜
보다가 떠나는 것이 보였어요.

설쌤이 평강과 온달을 데리고 길을 떠나자고 했어요. 온달이
낙랑 공주를 돌아보며 설쌤에게 물었어요.

"이제 어떻게 돼요?"

설쌤의 눈에 눈물이 그렁그렁 맺히는 것 같았어요.

"곧 고구려 군사가 쳐들어올 거야. 고구려의 대무신왕은 영
토를 넓히려고 주변의 부족 국가들을 상대로 전쟁을 벌였어.

부여 정벌을 나서기도 하고, 개마국을 정복하기도 했지. 이제 낙랑에 쳐들어올 순서야."

"낙랑 공주와 호동 왕자는 혼인을 해요?"

"아니! 고구려군의 침입을 받은 후, 낙랑의 왕 최리는 자신의 딸이 자명고와 자명각을 훼손한 걸 알고 딸을 죽이라고 명령해. 그리고 고구려에 항복하지."

평강이 눈물을 뚝뚝 흘렸어요.

"불쌍한 낙랑 공주! 사랑에 속아 나라를 빼앗기고 말잖아."

온달이 다시 또 물었어요.

"그러면 호동 왕자는 대무신왕의 뒤를 이어 왕이 돼요?"

"아니, 호동 왕자는 그 후 계모의 모함*을 받아 자결하고 말아. 둘 다 비극적인 결말을 맞이하게 돼."

그때 멀리서 시끄러운 소리가 들려왔어요. 말발굽이 땅을 뒤흔들고, 병사들이 창과 칼을 부딪치며 달려오는 소리였어요. 낙랑국의 왕 최리의 당황한 목소리가 들렸어요.

"이게 무슨 일이냐? 왜 자명고와 자명각이 울리지 않은 것이냐? 병사들은 어서 일어나 전투를 치를 준비를 하라!"

하지만 이미 때가 늦은 것 같았어요. 고구려 군사들의 함성이 궁궐을 향해 점점 가까워지고 있었지요.

모함(謀陷) 謀 꾀할 **모** 陷 빠질 **함**
나쁜 꾀로 남을 어려운 처지에 빠지게 하는 것을 말해요.

삼국유사에 나오는 신비로운 인물들

호동 왕자와 낙랑 공주 이야기는 고려 시대의 승려 일연이 지은 ≪삼국유사≫에 나와요. ≪삼국유사≫에는 우리 역사 속 인물들에 대한 신비로운 이야기들이 많이 담겨 있으며, 그 인물들을 통해 새로운 교훈을 얻을 수 있어요.

일본 왕과 왕비가 된 연오랑과 세오녀

신라에 연오랑과 세오녀라는 부부가 살았어요. 하루는 연오가 바다에 나갔다가 어디선가 나타난 바위에 실려 일본으로 떠내려갔어요. 남편이 돌아오지 않자, 세오는 바다로 나가 보았어요. 바닷가에는 남편의 신발이 놓여 있었고, 또다시 바위가 나타났지요. 세오도 그 바위에 실려 일본으로 건너가게 되었어요. **일본 사람들은 바위를 타고 온 이 부부를 귀한 사람이라 여겨 왕과 왕비로 삼았어**

▲포항 호미곶에 있는 연오랑과 세오녀상

요. 그런데 이들이 떠나고 난 뒤, 신라에서는 해와 달이 빛을 잃었어요. 이 부부가 신라를 떠난 탓이라 여긴 이들이 부부에게 다시 신라로 돌아오라고 했어요. 연오와 세오는 이미 일본의 왕과 왕비가 되어 돌아올 수 없었고, 대신 세오가 짠 비단을 가져가서 제사를 지내라고 했지요. 그대로 따르자, 정말 다시 해와 달이 빛을 냈어요. 이 제사를 지낸 곳을 영일현이라고 하지요. 지금의 포항 쪽이랍니다.

경문왕의 당나귀 귀

앗, 어떻게 알았지?

화랑의 우두머리인 국선이었던 응렴은 신라의 48대 왕인 경문왕이 되어요. **경문왕은 왕의 자리에 올랐지만, 편할 날이 없었어요.** 홍수가 나고 전염병이 돌아 백성들의 불만이 터져 나왔거든요. **귀족들의 반란이 일어나는가 하면 왜구가 침범해서 나라를 혼란에 빠뜨리기도 했어요.** 경문왕이 불안했던 것은 커다란 귀 때문이기도 했어요. 왕의 자리에 오른 후, 갑자기 귀가 길게 나와 당나귀 귀로 변

했지 뭐예요. 왕은 왕비에게도 말하지 않았고, 아무도 이 사실을 몰랐어요. 딱 한 사람, 왕의 모자를 만드는 사람만 알고 있었지요. 이 사람은 한평생 경문왕의 비밀을 지키다가 죽기 직전에 이르러 도림사의 대나무 숲에 들어가서 "임금님 귀는 당나귀 귀다!"라고 외쳤어요. 이후로 바람이 불면 대나무 숲에서 그 소리가 울렸어요. 경문왕이 대나무를 모두 자르고 산수유를 심게 했지만, 이후로도 바람이 불면 그 소리가 울렸다고 하지요.

흑, 미안하오….

호랑이를 사랑한 김현

신라 원성왕 때의 인물 김현이 흥륜사라는 절에 탑돌이를 하러 갔다가 한 처녀를 만났어요. 둘은 한눈에 반해 사랑하는 사이가 되었지요. 처녀는 김현을 자신의 집으로 데리고 갔는데 그 집의 노파가 김현을 숨기는 게 아니겠어요. 사실 처녀는 호랑이였고, 처녀의 집은 호랑이 굴이었던 거예요. 노파는 처녀의 오빠들인 세 호랑이가 김현을 해칠까 봐 숨긴 것이었어요. 잠시 후, 호랑이 세 마리가 나타나 사람 냄새를 맡고 김현을 찾았어요. 그때 하늘에서 이런 소리가 들렸어요. "너희 호랑이들이 사람을 많이 해쳤으니 한 마리를 죽여야겠다!" 오빠 호랑이들이 걱정하자, 처녀가 자신이 대신 하늘의 벌을 받겠다고 했어요. 그러고는 김현에게 "사랑하는 이에게 죽임을 당하는 게 차라리 낫겠어요. 제가 내일 사람들을 해치고 있을 테니 나를 잡아 죽이세요."라고 부탁했어요. 김현은 거절했지요. 다음 날 처녀는 호랑이로 변신해 사람을 해치고 있었어요. 어쩔 수 없이 김현이 호랑이를 죽였고, 이 일로 김현은 벼슬길에 오르게 되어요. **김현은 자신이 사랑한 호랑이 처녀를 죽인 것이 마음 아파서 처녀가 부탁한 대로 호원사라는 절을 짓고, 호랑이의 명복을 빌어 주었다고 해요.**

거문고 갑을 화살로 쏜 소지왕

신라 21대 왕인 소지왕이 천천정에 가고 있을 때였어요. 어디선가 까마귀와 쥐가 나타났는데, 쥐가 사람 말로 까마귀를 따라가라고 했어요. 소지왕은 말을 끄는 기사에게 명령해서 까마귀를 따라갔어요. 그런데 기사가 도중에 돼지 두 마리가 싸우는 걸 구경하다가 그만 까마귀를 놓치고 말았지요. 소지왕의 일행은 길

▲경주시 남산동에 있는 연못인 서출지

을 헤매다 어느 연못가에 이르렀어요. 그때 연못에서 어떤 노인이 나와서 편지를 건넸어요. 편지 겉면에는 "이 편지를 열어 보면 두 사람이 죽을 것이고, 열어 보지 않으면 한 사람이 죽을 것이오."라고 적혀 있었어요. 소지왕은 두 사람이 죽는 것보다 한 사람이 죽는 것이 나을 것 같아 편지를 열어 보지 않으려 했어요. 그런데 한 신하가 그 한 사람이 왕을 지칭하는 것 같다며 편지를 열어 보라고 했고, 결국 열어 보게 되었지요. 그 안에는 '사금갑'이라고 쓰여 있었어요. **거문고 집을 화살로 쏘라는 말이었어요.** 왕은 즉시 궁궐로 돌아가 거문고 집을 화살로 쏘았어요. 그 안에는 두 사람이 있었어요. 한 사람은 왕위를 노리는 이 같았어요. 그를 죽여야 자신이 살 수 있다는 계시 같았지요. 그 후로 노인이 나와 편지를 바친 연못을 '서출지'라고 부른답니다.

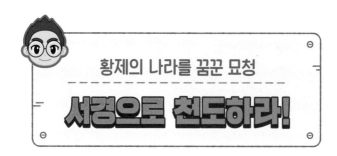

황제의 나라를 꿈꾼 묘청

서경으로 천도하라!

낙랑국에서 돌아온 후 평강은 한동안 시름에 잠겨 있었어요. 먼 산을 쳐다보며 눈물을 글썽이기도 했어요.

"낙랑 공주가 너무 불쌍해."

온달이 손수건을 건네며 물었어요.

"낙랑 공주 덕분에 고구려가 영토를 넓힐 수 있었던 거잖아. 넌 고구려 사람이면서 그게 기쁘지 않아?"

"넌 낙랑 공주가 불쌍하지도 않니? 낙랑 공주는 호동 왕자를 사랑한 죄밖에 없는데 목숨도, 나라도 잃고 말았잖아."

평강이 훌쩍이며 손수건에 코를 팽, 풀었어요.

"그런데 고구려, 백제, 신라 삼국 시대의 역사는 더 어렵고 복잡한 것 같아. 이 시대의 역사는 어떻게 전해진 걸까?"

그때 설쌤이 다가와서 온달의 머리를 쓰다듬었어요.

"오래전 역사를 기록한 사람들이 있었어. 삼국 시대의 역사를 기록한 대표적인 책은 ≪삼국사기≫인데, 고려 시대의 김부식이 쓴 책이지. 온달이 기특하게도 그런 걸 궁금해하네. 온달을 위해 ≪삼국사기≫를 쓰고 있는 김부식을 만나러 가 볼까?"

온달이 당황해서 손사래를 쳤어요.

"아니요. 괜찮아요! 저 바쁜 몸이에요."

온달이 달아나려 할 때 설쌤이 어느새 평강과 온달을 고려 시대로 데려갔어요.

"아이코! 으으~ 여기가 어디야?"

온달이 풀숲에서 데구루루 구르다가 위를 올려다보았어요. 높다란 성벽 안이었어요. 성벽에는 커다란 깃발이 걸려 있었고, 한자가 적혀 있었어요.

평강이 깃발을 쳐다보며 설쌤에게 물었어요.

"깃발에 대위국이라고 적혀 있는데요? 여기 고려 맞아요?"

설쌤이 마법의 분필을 흔들며 대답했어요.

"하하하, 고려 시대 맞아! 그런데 내가 오려던 곳은 아니네. 왜 여기로 데려온 거지?"

설쌤은 고려 인종의 명을 받아 ≪삼국사기≫를 쓰고 있는 김부식을 만나러 가려고 했는데, 김부식이 묘청의 난을 진압하기 위해 나선 때로 온 것 같다고 했어요.

"여기는 서경의 성 같아. 묘청이 서경을 근거 삼아 난을 일으켰는데 우리가 거기로 왔네."

셋은 자리에서 일어나 성곽 위로 몰래 올라가 보았어요. 성곽 위로 수많은 군사들이 성 밖을 바라보고 있었어요. 그 가운데에 한 승려가 서 있었어요. 설쌤이 그 승려를 가리켰어요.

"저 사람이 묘청이야."

묘청이 바라보는 성 밖에는 반란군을 진압하기 위해 온 고려군 토벌대가 진을 치고 있었어요. 설쌤이 그 가운데에 있는 사람을 가리켰어요.

"저 사람은 고려 시대의 학자인 김부식이지."

묘청이 성 위에서 고려군 토벌대를 향하여 외쳤어요.

"나는 고려를 위해 살아왔다. 개경은 운이 다하여 서경으로 수도를 옮기고, 우리 임금을 서경에서 황제로 모시고자 하는 것인데 이 어찌 잘못된 일이란 말인가?"

그 말을 받아 김부식이 외쳤지요.

"네가 요사한 말로 임금을 홀리고, '서경 천도설'을 주장하더니 이제 반란까지 일으키는구나. 어서 항복하고 스스로 나와 무릎을 꿇어라!"

설쌤이 온달과 평강의 옷자락을 당겼어요.

"우린 잠시 아래로 몸을 숨기고 있자."

설쌤은 지금이 고려 인종 1135년이라고 했어요. 고려의 수도
는 개경(지금의 개성)이었는데, 승려 묘청이 인종의 신뢰를 얻
어 서경(지금의 평양)을 근거로 힘을 키우다가 자신의 뜻대로
수도를 옮길 수 없게 되자, 반란을 일으킨 때라고 했어요.

"무척 혼란한 시대였어. 이자겸이 난을 일으켰다가 평정된
지 오래되지 않았고, 북쪽 국경에서는 여진족이 세운 금나라가
위협을 하던 때였거든. 이때 묘청이 인종의 신뢰를 얻어 금나
라를 징벌하자고도 했었어."

온달이 성 위의 묘청을 돌아보며 감탄을 했어요.

"씩씩한 스님이네요. 그래서 금나라로 쳐들어갔어요?"

"아니, 김부식을 비롯한 개경에 근거지를 둔 세력들이 반대했지. 개경 세력들은 인종이 묘청의 말을 따르는 것이 못마땅했어. 그래서 반란을 일으킨 묘청을 진압하려 하지."

반란군과 고려군 토벌대와의 싸움은 금세 끝날 것처럼 보이지 않았어요. 토벌대는 반란군이 차지했던 서경 주위의 지역을 되찾고 마지막에 서경을 공격할 모양이었어요. 서경을 포위하고 지구전*을 하는 것이 승산이 있다고 판단한 것이지요.

그날 밤 설쌤과 온달, 평강은 묘청의 방 밖에서 몰래 묘청과 다른 신하가 말하는 것을 엿들었어요.

"이보게, 나는 반란을 일으킨 것이 아니네. 내가 반란을 일으킨 것이라면 스스로 왕의 자리에 올랐겠지. 난 그리하지 않았네. 내 꿈은 고려를 더 크고 당당한 나라로 만드는 것이라네. 우리 주위를 둘러싸고 있는 금나라를 비롯한 외세를 물리치고, 고려를 황제의 나라로 만들 것이네. 저 개경 세력을 물리치고 난 다음 임금을 서경으로 모실 것이야."

신하가 묘청에게 말을 더듬으며 되물었어요.

"나도 그 뜻을 따라 함께 반란에 동참했소이다. 하지만 토벌

지구전(持久戰) 　持 가질 **지** 久 오랠 **구** 戰 싸울 **전**
승부를 빨리 내지 않고 오랫동안 끌어 가며
싸우는 전쟁이나 시합을 말해요.

대의 기세를 보니 우리가 이기기 어려워 보이오. 이 싸움을 그만두는 것이 낫지 않겠소?"

"겁쟁이 같으니라고! 난 여기서 멈출 수 없소!"

신하는 묘청에게 인사를 하고 방에서 나왔어요. 그는 한참을 걸어 나오더니 소매에서 무언가를 꺼냈어요. 그건 김부식이 묘청 몰래 보낸 편지였지요.

설쌤이 주위를 살피며 집으로 향하는 그 사람의 뒷모습을 유심히 바라보았어요.

"저 사람은 조광이야. 조광은 곧 부하를 시켜 묘청을 죽인단다. 그런 다음 묘청의 머리를 개경에 보내 항복하려 하지."

온달이 쯧쯧 혀를 찼어요.

"묘청이 뜻을 이루지 못한 채 죽게 되네요. 쯧쯧, 굳은 마음으로 큰 뜻을 품었지만, 결국 자신과 가까운 이에게 배신당하고 마네요."

설쌤이 고개를 끄덕였어요.

"피비린내 나는 일들은 그만 보자꾸나. 이제 묘청의 난을 진압하고 인종의 명을 받아 ≪삼국사기≫를 쓰고 있는 김부식에게 가 보도록 하자."

설쌤이 마법의 분필을 이용해 다시 십여 년 뒤로 세 사람을 이동시켰어요.

그곳에는 관료들이 붓을 들고 무언가를 쓰고 있었어요. 좀 더 늙은 김부식도 보였지요. 한 관료가 자리에서 일어나 김부식에게 다가갔어요.

"드디어 ≪삼국사기≫를 완성했습니다!"

그들 앞에는 수많은 책자가 놓여 있었어요. 삼국 시대와 통일 신라, 후삼국 시대의 역사까지 담은 책이어서 여러 권으로 되어 있었지요. 김부식이 그중 한 권을 들어 펼쳐 보았어요.

"이자겸의 난과 묘청의 난을 겪으며 왕실의 권위가 한참 떨어졌소. 임금님께서 역사서를 만들라고 한 것은 백성들이 나라에 대한 자부심을 가지길 바라서였을 것이오. 또 귀족들도 우

리 역사를 제대로 모르니 한심한 노릇이었소. 이제 5년여에 걸쳐 ≪삼국사기≫를 완성했으니 참으로 뜻깊은 순간이오."

젊은 관료가 상기된 얼굴로 말했어요.

"되도록 사실을 있는 그대로 쓰려고 노력했습니다. 특히 나

라에 충성하고 부모에게 효도한 이들에 대해 빠짐없이 기록으로 남기려 했지요."

김부식이 고개를 끄덕이더니 젊은 관료들을 두고 밖으로 나갔어요. 김부식은 북쪽 하늘을 올려다보았어요. 12월의 매서운 찬바람이 휘몰아쳤어요. 젊은 관료들은 방 안에서 감히 문을 닫지 못한 채 김부식을 바라보았어요. 젊은 관료들은 김부식이 듣지 않게 낮은 목소리로 수군거렸어요.

"오래전 묘청이 난을 일으켰을 때가 떠오르는군. 묘청의 난이 실패해서 김부식 나리가 이런 역사서를 남길 수 있게 됐으니 참 다행이지 뭔가."

"그런데 훗날 묘청에 대한 역사 기록은 어떻게 할까?"

"묘청이 황제의 나라를 세우려던 것은 대단한 기상이긴 했지. 결국 실패하고 말았으니 좋게 기록될 리가 있니!"

김부식은 젊은 관료들의 말을 듣지 못한 채 옷깃을 여미며 그곳을 떠났어요. 인종에게 ≪삼국사기≫ 편찬*을 마무리했다는 사실을 알리러 가는 거였지요. 설쌤이 현대로 돌아오기 전 온달에게 말했어요.

"돌아가면 ≪삼국사기≫를 다 읽어 보렴."

"헉, 저 많은 걸 어떻게요? 싫어요. 싫어!"

편찬(編纂) 　編 엮을 편　纂 모을 찬
여러 가지 자료를 모아 체계적으로 정리하여 책을 만드는 거예요.

우리 역사 속 위대한 승려들

원효와 의상

물이 참 달구나!

원효와 의상은 신라의 고승이었어요. 당시 신라는 당나라와의 교류가 활발했고, 두 승려는 당나라로 가서 불교에 대해 더 공부하려 했어요. 두 사람은 함께 당나라로 가기 위한 길에 올랐는데, 당나라로 가던 길에 당항성(현재의 경기도 화성 쪽) 근처의 무덤에서 잠이 들었어요. 자다가 깬 원효는 목이 너무 말라서 손에 잡힌 것에 든 물을 아주 달게 마셨고, 아침에 그것이 해골바가지에 담긴 물이라는 것을 알게 되어요. 그 후 **원효는 모든 것은 마음에 달렸다는 '일체유심조'를 깨달아 불교의 대중화에 힘썼고, 의상은 당나라에 갔다가 돌아와서 화엄종을 전파**했지요.

의천

고려 문종의 아들이었어요. 왕자의 신분으로 승려가 되어 불교에 귀의했지요. 고려는 불교를 숭상하던 시대여서 왕족이 승려가 되는 것이 자연스러운 일이기도 했어요. 의천은 11세의 어린 나이에 승려가 되었는데 총명하고 학문을 좋아하여 4년 만에 왕에게 나랏일을 조언하는 승려의 지위까지 올랐어요. **의천은 평생 학문을 닦았고, 송나라에 유학을 다녀온 후, 천태종을 창시하여 불교 전파에 힘을 쏟았지요.**

사명대사

임진왜란 때 의병장으로 활약한 승려예요. 의병을 모집하여 승려 군사들을 통솔하고 체찰사 류성룡을 따라 명나라 장수들과 협력하여 평양을 회복하는 데 공을 세웠어요. 도원수 권율과 함께 경상도 의령에 내려가 전공을 많이 세우기도 했어요. 전쟁이 끝난 후, 임금의 문서를 들고 일본에 가서 강화를 맺고 조선인 포로 3,500여 명을 데리고 돌아왔었지요.

▲사명대사의 장삼

고려에서 이런 일이 일어났다고요?

태조 왕건이 결혼을 스물아홉 번이나 했다고요?

고려를 세운 태조 왕건은 무려 29번 결혼했어요. 왕건이 너무 멋져서 결혼하자고 조른 이들이 많아서일까요? 그보다는 다른 이유가 있었어요. 고려를 세울 당시에는 왕의 권력이 강하지 못했어요. 지방마다 군사와 권력을 가진 호족들이 있었고, 이들이 반발해서 왕건을 위협할 수 있었거든요. 그래서 **왕건은 호족들을 자신의 편으로 만들고 협조를 구하기 위해 호족들과 혼인**했던 거예요. 하지만 너무 많은 자손들과 부인이 있어서 후대에는 왕위를 차지하기 위한 싸움이 벌어지기도 했답니다.

고려인들이 유행에 민감했다고요?

송나라 사신 서긍의 《고려도감》이라는 책에는 고려의 풍속에 관한 여러 모습이 담겨 있어요. 고려의 귀족 여인들은 사치가 심했는지 무늬 비단으로 만든 속바지와 황색 치마를 입었고, 화려한 무늬를 넣은 저고리를 입었다고 해요. 귀족들은 비단 모자를 주로 썼고, 평민들은 대나무로 만든 모자를 주로 썼다고 하고요. **여자들 사이에선 머리를 땋아서 위로 둥글게 만드는 것이 유행**이었는데 그 모양이 점점 커져서 목이 아프다고 호소한 이들도 있었다고 해요.

중국에는 만리장성, 고려에는 천리장성?

고려의 북방에는 거란과 여진 같은 북방 민족들이 호시탐탐 고려를 노렸어요. 강감찬 장군이 거란군을 귀주 대첩에서 크게 이겼지만, 그 후로도 북방 민족들은 포기하지 않았어요. 강감찬은 왕에게 이들을 막을 장성을 쌓자고 했고, 이 건의가 받아들여져 압록강 입구에서 도

련포(함경남도 함주군 연포에 있는 나루)에 이르는 장성이 지어져요. **이 장성이 400킬로미터의 길이에 달하는 천리장성이에요.** 이후 여진 등의 침략을 막아 내는 데 무척 쓸모 있는 역할을 했어요.

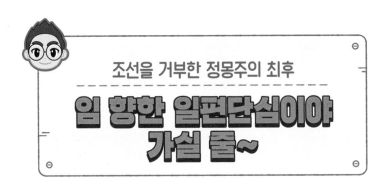

설쌤이 다음으로 데려간 곳은 여전히 고려 시대였어요.

"이번 역사 여행에선 좋은 뜻을 품고 굳은 마음을 먹은 인물들을 살펴보는 시간을 가질 거야. 결과가 꼭 좋은 것만은 아닌데 왜 그런지 생각해 봐."

설쌤이 온달과 평강에게 따라오라고 손짓했어요. 들판을 지나 낮은 산을 지나가고 있을 때 멀리 한 무리의 군사가 보였어요. 가장 앞에서 검은색 갈기를 휘날리는 멋진 말을 타고 있는 장수는 무척 용맹스러워 보였어요. 평강이 갑자기 생각났다는 듯이 그 장수를 가리켰어요.

"어? 저 사람은 조선을 연 태조 이성계잖아요?"

온달도 아는 척했어요.

"맞아! 지난 역사 여행에서 본 적이 있어. 그런데 왜 다시 이리로 온 거지?"

그때 이성계가 탄 말이 쏜살같이 달리다가 돌부리에 걸려 휘청거리며 넘어졌고, 이성계가 말에서 떨어지고 말았어요. 주위의 군사들이 우르르 달려왔어요.

"어이쿠, 괜찮으세요?"

"아이고, 이를 어쩌나?"

이성계는 군사들을 이끌고 사냥을 나왔다가 말에서 떨어져 다치고 만 거예요. 황해도 해주 땅이었어요. 수도인 개경과는 꽤 떨어져 있는 곳이었고, 이성계는 개경으로 돌아가지 못한 채 해주에서 한동안 머물러야만 했지요. 이성계가 낮은 신음을 하며 주위의 군사들을 물리쳤어요.

"난 괜찮다. 좀 쉬면 나을 것이다."

주위에 있던 한 관리가 이성계에게 다가가 걱정스러운 말투로 말했어요.

"나리께서 개경을 비우면 변고*가 일어나지 않을까요?"

"괜찮을 것이다. 정도전과 조준 영감 등이 있지 않은가!"

설쌤이 온달과 평강에게 이성계의 말을 설명해 주었어요.

"고려 말 마지막 왕인 공양왕 때 일어난 일이야. 공양왕은 허울뿐인 왕이었고, 모든 권력은 이미 이성계가 차지하고 있었

변고(變故)	變 변할 변 故 연고 고
	갑작스러운 재앙이나 사고를 뜻해요.

어. 하지만 반대 세력이 어느 때 일어나서 이성계 세력에게 도전해 올 지 알 수 없었지. 이성계는 자신과 함께 새로운 나라를 세우려는 정도전과 조준을 믿는다고 말한 거야."

이성계가 군사들의 도움을 받아 해주의 집으로 돌아갔고, 설쌤은 평강, 온달과 함께 이성계의 집 주위에서 살펴보고 있었어요. 그러던 어느 날 한 사람이 헐레벌떡 뛰어와서 이성계에게 아뢰었어요.

"큰일 났습니다. 정도전과 조준 영감이 귀양을 갔습니다!"

이성계가 몸을 부들부들 떨며 화를 냈어요.

"뭐라고? 누가 그들을 귀양 보냈다는 것이냐?"

"정몽주 대감이라고 하옵니다!"

이성계는 더 이상 개경을 비워 둘 수 없다고 생각한 모양이었어요. 얼마 후, 채비를 갖추어 개경으로 돌아갔지요. 설쌤과 온달, 평강은 그 무리에 섞여 함께 개경으로 들어갔어요. 며칠 뒤, 갑자기 정몽주가 이성계를 찾아왔어요.

"몸은 좀 나아지셨는지요?"

"공이 문병을 와 주시다니 감사하구려. 다만 아직도 몸이 성치 않아 거동* 하기조차 불편하답니다."

이성계는 정몽주가 자신이 얼마나 아픈지 알아보러 온 것이

거동(擧動)	擧 들 거 動 움직일 동
	몸을 움직이는 걸 말해요.

라고 생각하는 것 같았어요. 두 사람이 방 안에서 나누는 대화를 엿듣고 있던 온달이 설쌤에게 물었어요.

"둘이 사이가 좋아 보이네요?"

"한때는 그랬단다. 하지만 정몽주는 고려를 끝까지 지키려는 마음을 갖고, 이성계 세력을 없애려고 했어. 이성계도 그걸 잘 알아서 좋은 기회가 있기를 노리고 있었을 거야. 둘은 지금 서로를 가늠해 보고 있는 거야."

정몽주가 돌아가고, 다음 날엔 이성계의 다섯째 아들 방원이 찾아왔어요.

"아버님, 제가 어젯밤 부하를 시켜 정몽주를 죽였사옵니다!"

그 말을 들은 이성계가 깜짝 놀라서 벌떡 일어났어요.

"뭐야? 네 이놈, 왜 그런 짓을 하였더냐!"

"정몽주는 아버님께 가장 방해가 되는 자이지 않습니까!"

이성계는 얼굴을 붉히며 계속 꾸짖었어요.

"내 큰 뜻을 이루는 데 걸림돌인 것은 맞지만, 그는 충신이자 뛰어난 선비가 아니더냐! 그런 훌륭한 자를 그렇게 쉽게 죽여선 안 되는 것이다!"

두 사람의 말을 엿듣고 있던 평강이 하마터면 큰 소리를 낼 뻔했어요.

"얼마 전에 본 정몽주가 죽고 말았대요. 무슨 잘못을 했다고 사람을 죽인 걸까요? 너무 끔찍해요!"

설쌤이 평강의 어깨를 토닥였어요.

"정몽주는 아주 곧은 사람이었어. 고려의 많은 신하들이 고려의 왕을 버렸지만, 정몽주만큼은 끝끝내 왕을 지키려 했지. 그런 곧은 마음이 비극을 일어나게도 한단다."

그때 이성계가 방원을 향해 다시 버럭 화를 내는 목소리가 들렸어요.

"네 이놈! 너는 왜 시키지도 않은 짓을 했느냐! 나는 그를 내 사람으로 만들고 싶었다. 그게 안 될 일일 줄 알긴 했지만, 그

런 인재를 잃다니, 참으로 아깝고 아깝구나!"

방원이 묵묵하게 고개를 숙이고 있다가 한참 후 말문을 열었어요.

"얼마 전 정몽주를 찾아간 적이 있습니다. 아버님의 말씀대로 정몽주를 설득하고 싶었사옵니다. 그래서 제가 먼저 시 한 수를 읊었습니다."

"무슨 시?"

방원이 정몽주에게 들려준 자신의 시를 다시 읊었어요.

이런들 어떠하며 저런들 어떠하리

만수산 드렁칡이 얽혀진들 어떠하리

우리도 이같이 얽혀 백 년까지 누리리라

"그래, 정몽주는 뭐라고 하더냐?"

"제게 시를 지어 답해 주었습니다."

"정몽주의 시를 한번 읊어 보아라."

방원이 이번에는 정몽주가 답한 시를 읊었어요.

이 몸이 죽고 죽어 일백 번 고쳐 죽어

백골이 진토되어 넋이라도 있고 없고

임 향한 일편단심*이야 가실 줄 있으랴

일편단심(一片丹心)	一 하나 **일** 片 조각 **편** 丹 붉을 **단** 心 마음 **심**
	한 조각의 붉은 마음이라는 뜻으로, 진심에서 우러나오는 변치 않는 마음을 말해요.

시를 다 들은 이성계가 아무런 말을 하지 않았어요. 한참을 멍하니 있다가 방원에게 말했어요.

"알았다! 돌아가 보거라."

방원이 방을 나오려 할 때 설쌤이 서둘러 문밖을 나서며 평강과 온달에게 손짓했어요.

"어서 따라오렴."

"어디로 가는 거예요?"

설쌤은 이성계의 집에서 나와 어딘가로 걸어갔어요.

"이방원이 지은 시를 '하여가'라고 하고, 정몽주의 시를 '단심가'라고 한단다. 지금 선죽교로 가 보고 있어."

선죽교는 이성계의 집에서 멀지 않았어요. 크지 않은 돌다리였어요. 작은 천이 아래로 흐르고 있었고, 냇가에는 수양버들이 바람에 흔들리고 있었어요. 사람들이 웅성거리며 선죽교 주위를 두리번거렸어요. 세 사람은 사람들 뒤쪽에서 선죽교를 살펴보았어요. 선죽교에는 아직도 피가 씻겨 나가지 않은 채 남아 있었어요.

설쌤이 다리에 묻은 피를 빤히 바라보았어요.

"정몽주는 저기에서 방원의 부하들로부터 습격받아 숨을 거두었어. 그런 다음 역적으로 취급받아서 베어진 시신이 개경의

나는 백 번을 죽고 다시 태어나도 고려 왕조를 섬길 것이야.

저잣거리에 매달려졌어. 방치된 시신을 승려들이 수습해서 묘를 만들어 주었는데 거기에서 '충성'을 뜻하는 대나무가 자랐다고 해. 저 다리도 그래서 그 후에 선죽교라고 이름 붙여진 거지."

평강은 지켜보는 것이 힘들었는지 고개를 돌렸어요.

"기울어 가는 고려를 지키려 하지 않았으면 저런 죽임을 당하지 않았을 텐데……."

"그러게 말이야. 마음을 굳게 먹는다는 것은 참 좋은 말이지만, 때로는 저런 일을 맛을 수도 있단다."

설쌤이 다시 떠날 준비를 했어요. 온달이 설쌤을 물끄러미 바라보았어요.

"이제 우리 집으로 돌아가는 거예요?"

"아니! 아직 만나 볼 인물이 남았어. 이번엔 조선 시대로 가자꾸나!"

나라를 이끈 훌륭한 명재상들

고구려 고국천왕에겐 을파소

고구려의 9대 왕인 고국천왕은 초기 연맹 국가 형태였던 고구려의 체제 등을 정비하며 점점 더 부강한 국가로 만든 왕이에요. 고구려에는 왕 밑으로 여러 관직을 두었는데 그중 최고 관직은 국상이었지요. 을파소는 고국천왕 때 국상을 지내며 많은 일을 했다고 해요. 흉년 때 늙고 가난하여 스스로 생활하기 힘든 이들에게 **매년 봄 3월부터 7월까지 곡식을**

빌려주었다가 10월에 갚게 하는 '진대법'을 실시했는데 진대법의 시행에도 을파소의 역할이 있었을 것이라 본다고 해요.

▲서희의 외교 담판을 그린 그림

고려 성종에겐 서희

서희는 거란이 침입했을 때 외교 담판을 성공적으로 이끌어 압록강 아래쪽의 6개 지역인 강동 6주를 얻은 뛰어난 **외교가**로서 유명해요. 더구나 고려 성종을 보필한 서희는 외교뿐만 아니라 원칙과 책임 의식을 가지고 나랏일을 잘 돌본 명재상으로 여겨지고 있어요. 성종이 나랏일을

맡을 인재를 등용할 때 솔직하게 자신의 생각을 직언하고, 장기적인 안목을 가지고 나랏일을 꾸려갔다고 해요.

조선 선조에겐 류성룡

▲류성룡의 생가인 안동 하회 춘효당

류성룡은 이황의 문하에서 공부해 명종 때 과거에 합격하여 벼슬을 시작하였어요. 조선 선조 2년, 1569년에는 성절사의 서장관이란 관직을 맡아 명나라에 다녀오게 되었는데, 그곳에서 뛰어난 학문을 보여 주어 명나라의 학자들로부터 큰 존경을 받았다고 해요. **류성룡은 임진왜란이 일어나기 전에 권율과 이순신을 천거**하기도 했어요. 권율과 이순신은 중책을 맡아 임진왜란의 불리한 전세를

되돌리는 데 큰 역할을 하게 되지요. 임진왜란부터 정유재란까지의 7년에 걸친 전쟁을 기록한 ≪징비록≫을 남겼답니다.

노비의 아들에서 대장군이 된 이의민

고려 무신 정권 초기에 대장군이 된 이의민은 소금과
체를 파는 천민 아버지와 노비 출신 어머니 사이에서
태어났어요. 자식의 신분이 어머니의 신분을 따라가
는 '종모법'에 따라 이의민도 신분이 노비였지요. 그
런데 키도 크고 힘이 장사였던 이의민은 우연한 기회
에 군인이 되고, 의종의 눈에 띄어 높은 벼슬을 받아

요. 이후, 의종의 사랑을 한몸에 받던 **이의민은 정중부가 일으킨 무신의 난에 가담해 의
종을 쫓아내는 데 공을 세우고, 맨손으로 죽이기까지 해요.** 그 일로 대장군 자리까지 오
르지만, 이의민도 최충헌에 의해 죽임을 당하고 만답니다.

조선 장수가 된 일본인 사야가

임진왜란이 한창일 때 부산에 상륙한 사야가란 일본 장수
는 얼마 지나지 않아 조선에 귀순을 해요. 평소에 **조선을
군자의 나라라고 흠모했던 사야가는 일본이 조선을 침략
한 것을 못마땅하게 여겼지요.** 그러다가 피난을 가는 조
선 백성을 학살하는 일본군을 보고 참지 못해 귀순하게

되었다고 해요. 사야가는 귀순한 후, 조선군의 선봉에 서서 경상도 지역의 싸움에서 큰
공을 세워요. 선조는 사야가에게 벼슬을 내리며 '김충선'이란 이름을 지어 주었어요. 조
선에 충성한 착한 사람이란 뜻으로, 지금도 김충선의 후손들이 많이 살고 있답니다.

사약을 마시고 또 마신 임형수

임형수는 조선 중기의 문신이에요. 어려서부터 총명
하고 성격이 강직한 인물이었다고 해요. 1535년 문
과에 급제하여 관리가 된 후 부제학까지 승진했다가,
**1545년 명종이 즉위한 후 을사사화가 일어나면서
제주 목사로 쫓겨났다가 파면**되고 말지요. 1547년
에 권력자인 윤원형에 의해 섬으로 귀양을 갔다가 사

약을 받고 죽게 되는데 임형수는 무척 의연하게 죽음을 받아들였다고 해요. 임형수는 사
약을 가지고 온 의금부 관리에게 같이 한 잔씩 마시자며 농담을 하고, 밝은 곳에서 의연
하게 죽음을 맞겠다고 했어요. 그런데 문제는 임형수가 사약을 마셔도 마셔도 죽지 않은
거예요. 16잔까지 마셔도 죽지 않았고, 2잔을 더 마셔도 아무 일이 일어나지 않자 결국
목을 조르는 방법을 사용해 사형에 처했다고 해요.

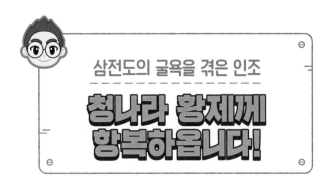

삼전도의 굴욕을 겪은 인조

청나라 황제께 항복하옵니다!

"아이코, 아야, 아야!"

온달이 흙바닥에서 데구루루 굴렀어요. 평강이 뒤이어 굴렀고, 설쌤도 굴렀지만 아파하진 않았어요.

평강이 엄살을 떨며 설쌤을 쳐다봤어요.

"아야, 무릎이야! 설쌤은 이렇게 굴러도 아프지 않아요?"

설쌤이 당황하며 웃었어요.

"나도 아프지. 아프지만 참는 거라고. 그보다 어서 이 옷으로 갈아입으렴."

설쌤이 보따리에서 조선 시대 벼슬아치들의 의복을 꺼냈어요. 평강은 풀숲에서 갈아입고, 온달과 설쌤은 뒤돌아서서 갈아입었어요. 그런데 온달이 먼저 갈아입고 설쌤을 보더니 소리를 질렀어요.

"으아, 너무해요! 혼자만 그러기 있어요?"

설쌤의 팔꿈치와 무릎에는 보호대가 있었어요. 몸에도 칭칭 붕대를 감고 있었지요.

평강이 넌지시 보더니 따졌어요.

"앗, 그래서 안 아파하신 거구나. 너무하다, 너무해!"

"미안, 내 나이에 역사 여행을 계속 다니려면 이렇게라도 해야 하겠더라고. 너희도 다음부터 보호대를 착용하렴."

셋이 의복을 모두 착용하고 나서려 할 때 누군가가 달려왔어요. 낡고 떨어진 옷을 보아하니 평민 같았어요. 평민은 설쌤의 다리를 잡고 애원했어요.

"나으리, 먹을 것 좀 주십시오."

설쌤이 평민을 떨쳐 내며 말했어요.

"죄송합니다. 지금 제겐 드릴 것이 없어요."

평민은 힘이 없는지 털썩 떨어져 나갔어요. 평강이 그 평민을 불쌍한 눈빛으로 바라보았어요. 온달이 설쌤을 따라가며 물었어요.

"여긴 어디예요? 조선 시대 언제로 온 거예요?"

"여기는 남한산성 안이야. 조선 인조 때인 1637년 1월 말이지. 그 전해인 1636년 12월 1일에 청나라 황제인 태종이 직접 12만의 군사를 이끌고 조선을 침략했어. 12월 14일 청나라의 태종이 개성까지 내려왔다는 소식을 듣고 인조는 세자를 비롯한 왕족들과 신하들을 서둘러 강화도로 피하게 했어. 하지만 인조는 길이 가로막혀 강화도로 가지 못하고 남한산성으로 들어간 거야. 남한산성에는 한 달 보름 남짓 버틸 정도의 식량밖에 없었다고 해. 이제 한계에 다다른 때이지."

"일본의 침략을 받았던 임진왜란이 1592년에 일어나 1598년에 끝난 거잖아요. 30여 년 만에 이번엔 청나라가 쳐들어온 거네요?"

설쌤이 걸어가며 그간의 역사적인 과정을 설명해 주었어요.

"임진왜란이 끝나고 선조가 왕위를 유지하다가 1608년 그의 아들인 광해군이 조선의 15대 왕에 올랐어. 광해군은 명나라와 후금(청나라) 사이에서 어느 편도 들지 않는 외교*를 취했고, 그 덕분인지 평화를 유지할 수 있었지. 하지만 광해군은 나쁜 악행을 저질러 물러나게 되었고, 그 후에 왕위에 오른 인조는 힘이 세진 청나라를 무시했었어. 청나라가 조선을 신하의 나라로 삼겠다며 백금 1만 냥과 말 3천 필을 바치라고 하자, 오히려 전쟁 준비를 시작했지. 이에 화가 난 청나라의 태종이 조선을 침략한 거야."

외교(外交) **外** 바깥 **외** **交** 사귈 **교**
다른 나라와 정치적, 경제적, 문화적 관계를 맺는 일을 말해요.

설쌤은 설명하다가 말고 온달과 평강을 향해 손짓했어요.

"고개를 숙여! 이제 살금살금 저기로 접근해 보자."

셋은 인조와 신하들이 회의하는 곳으로 몰래 다가갔어요. 가운데 용상에는 인조가 앉아 있었고, 좌우로 신하들이 줄지어 있었어요. 인조가 먼저 신하들을 둘러보았어요.

"어디 어찌해야 할지 말씀들 해 보시오!"

나이가 지긋한 한 신하가 고개를 쳐들고 말했어요.

"전하, 신 최명길 아뢰옵니다! 송구스러우나 싸움에 이기기는 어려워 보입니다. 어서 화의*하는 것만이 백성을 살리는 길일 것입니다."

그 말에 다른 신하들이 화를 내며 말했어요.

"허허, 무슨 말이요! 전하, 신 오달제 아뢰옵니다. 제대로 싸워 보지도 않고 물러서서는 아니 되옵니다!"

"전하! 신 김상헌 아뢰옵니다. 오랑캐 따위와 화의를 하다니, 차라리 목숨을 내놓는 것이 나을 것입니다."

신하들은 옥신각신 서로의 주장을 굽히지 않았어요. 남한산성 안에는 식량도 거의 다 떨어져 병사들은 추위와 굶주림 속에 고통받고 있었어요.

신하들의 말을 듣고 있던 인조는 아무런 말이 없었어요. 그

화의(和議)　和 화목할 화　議 의논할 의
싸우던 것을 멈추고 화해하자는 의견을 말해요.

때 병사 하나가 뛰어들어 놀라운 소식을 전했어요.

"전하, 강화도가 청나라군에 함락되었다고 하옵니다."

인조의 입에서 낮은 탄식이 흘러나왔어요. 세자와 왕족이 청나라의 포로가 되었다면 더 이상 버틸 수는 없었어요. 인조가 최명길에게 일러 항복 문서를 짓게 했어요.

1637년 1월 30일, 인조와 신하들은 남한산성에서 나와 삼전도로 향했어요. 설쌤과 온달, 평강도 몰래 뒤를 따랐지요. 온달이 덜덜 떨며 물었어요.

"으으, 추워! 설쌤, 삼전도가 어디예요?"

"서울과 남한산성을 이어 주던 나루가 있던 곳인데 지금의 서울 송파 쪽이란다."

길에는 밤사이 내린 눈이 가득 쌓여 있었어요. 인조와 신하들은 무릎까지 빠지는 눈을 헤치고 앞으로 나아갔어요. 빙판에서는 미끄러지지 않으려 애썼지만, 인조를 비롯한 신하들은 번번이 미끄러지고 말았지요. 백성들이 나와서 그런 모습을 보고 통곡했어요.

"전하! 흑흑, 전하!"

"전하, 항복하시면 아니 되옵니다!"

인조와 신하들은 걷고 또 걸어서 마침내 삼전도에 다다랐어요. 멀리 높은 자리에 앉은 청나라의 태종이 보였어요. 그 뒤로 청나라의 장수들과 병사들이 줄지어 도열[*] 해 있었어요. 그때 청나라 장수 하나가 나서서 외쳤어요.

"조선의 왕은 청나라 황제께 '삼배구고두례'를 표하라!"

온달이 설쌤에게 고개를 갸웃거리며 물었어요.

"삼배구고두례가 뭐예요?"

"항복 의식으로 세 번 무릎을 꿇는데 한 번 꿇을 때마다 세 번, 합쳐서 아홉 번을 절해야 해. 절할 때마다 머리를 땅에 찧어야 하지."

평강이 인조를 안쓰러운 표정으로 쳐다보았어요.

"헉! 조선의 왕이 머리를 아홉 번이나 땅에 찧다니!"

"처음에 청나라는 더욱 치욕적인 의식을 요구했다가 낮추어 준 셈이지."

그때 청나라의 신하가 다시 외치는 소리가 들렸어요.

"어허, 조선의 왕은 어서 청나라 황제께 예를 표시하라!"

인조의 얼굴은 벌겋게 상기되어 있었어요. 인조가 마침내 뚜벅뚜벅 걸어서 청 태종을 마주 보고 섰어요. 청나라의 신하들은 말없이 인조를 쳐다보았어요. 조선의 신하들은 소리 내지 않고 울먹이는 것 같았어요. 삼전도에는 매서운 겨울바람 소리

도열 (堵列)

堵 담 **도** 列 벌일 **열**

많은 사람이 죽 늘어섬 또는 그런 대열을 가리켜요.

만 나고 있었어요.

  그때 무릎을 털썩 꿇은 인조가 고개를 땅에 찧었어요.

  쿵! 쿵! 쿵!

  인조는 일어났다가 다시 무릎을 꿇고 세 번 절을 했어요.

  인조가 머리를 찧는 소리가 바람을 타고 저 멀리 모여 있던

백성들에게까지 전해졌어요.

  아홉 번 절을 모두 마친 인조가 자리에서 일어났어요. 청 태

살을 에는
겨울바람보다 이 치욕이
더 매섭구나.

그러게 진작 항복할 것이지.

종은 만족하는 표정이었어요. 인조의 뒤에서 이를 지켜보던 신하들 중 눈물을 흘리지 않는 이가 없었어요. 설쌤도 연신 소매로 눈물을 훔치고 있었어요. 온달은 이를 바드득 갈았어요.

"아아, 너무 굴욕적이에요."

"청나라에 맞서서 나라를 지키고자 한 굳센 마음을 탓할 순 없어. 하지만 그런 굳센 마음을 실현하기 위해서는 철저한 준비가 필요했던 것 아닐까?"

병자호란이 끝난 후, 청나라는 소현세자와 봉림대군, 그리고 김상헌 같은 신하를 볼모로 청나라로 끌고 갔지요. 설쌤이 눈물을 멈추고 소매 안에서 마법의 분필을 꺼냈어요.

"너무 울었더니 어지럽네. 이제 돌아가서 좀 쉬자꾸나!"

조선 시대의 유별난 왕들

한가로이 놀기만 한 정종

조선을 개국한 태조 이성계에게는 아들이 여럿 있었는데 그 자식들끼리 서로 왕위를 물려받으려고 싸움을 벌이곤 했어요. 이를 '왕자의 난'이라고 해요. 두 차례에 걸쳐 일어날 동안 형제끼리 서로 죽고 죽이는 일까지 벌어졌지요. **1차 왕자의 난 이후 왕위에 오른 2대 왕이 이성계의 둘째 아들 정종**이었어요. 정종은 나랏일을 열심히 하지 않고, 사냥이나 온천을 다니곤 했어요. 정종은 왕위에 큰 욕심이 없었고 동생인 이방원이 자신을 세운 뜻을 알고 있어서 이방원을 자신의 양자로 들여 왕위를 이을 왕세자로 삼았답니다.

딱 9개월만 왕이었던 인종

중종의 아들인 인종은 태어난 지 7일 만에 어머니를 여의고, 문정 왕후의 손에 자랐어요. **인종은 효성이 지극해서 문정 왕후를 따랐지만, 문정 왕후는 자신의 친아들인 경원 대군(명종)을 왕위에 오르게 하고 싶어 했어요.** 인종이 세자일 때 세자가 머무는 동궁에 불이 난 적이 있는데, 이를 문정 왕후가 꾸민 일이란 소문도 있었지요. 인종이 죽게 된 것도 문정 왕후가 준 떡 때문이란 말도 있어요. 인종이 그 떡을 먹은 후부터 원인 모를 병에 걸려 시름시름 앓다가 왕이 된 지 9개월도 채 되지 않아 세상을 뜨고 말았답니다.

어머니에게 매를 맞은 명종

명종은 13세의 어린 나이에 왕의 자리에 올랐어요. 나랏일을 돌보기에는 너무 어린 나이지요? 그래서 **명종의 어머니인 문정 왕후가 명종을 대신해 나랏일을 돌보다가 명종이 어른이 되자, 자리를 내주고 물러났어요.** 하지만 그 후에도 문정 왕후는 나랏일에 간섭하고 명종을 나무라는 일이 있었지요. 명종은 효자여서 어머니의 말을 잘 들었다고 해요. 간혹 어머니인 문정 왕후의 뜻을 따르지 못할 때가 있었는데 그럴 때면 화가 난 문정 왕후가 매를 들기까지 했다고 해요.

궁궐을 지키는 수호신들!

해태

해태 또는 해치는 잘한 것과 잘못한 것을 가리고 선과 악을 판단하는 상상의 동물이에요. 사자와 비슷하게 생겼지만 머리 가운데에 뿔이 나 있지요. **조선 시대에는 재앙이나 화재를 물리치는 신비한 동물이라 생각**해서 궁궐 등에 장식했어요.

잡상

악귀를 쫓는다는 의미로 만든 장식용 기와예요. 기와지붕에 여러 개를 얹어서 장식했는데 보통 홀수 개수로 장식했어요. 중국에서도 잡상으로 장식했는데 황제가 있는 건물은 11개, 태자가 있는 건물은 9개, 그 외에는 7개 이하로 구성했지요. 경복궁 경회루의 잡상은 11개, 자선당은 9개, 근정전은 7개로 구성되어 있답니다.

드므

경복궁이나 창덕궁 등의 **궁궐에 가면 곳곳에 철로 된 커다란 항아리처럼 생긴 '드므'**를 볼 수 있어요. 궁궐은 나무로 지어져서 화재에 취약했고, 실제로 궁궐에 불이 난 적이 많았어요. 커다란 드므에 물을 담아 두면 불이 났을 때 그 물을 퍼 가서 불을 끌 수 있었겠지요? 화재를 진압하는 데 쓰인 셈이에요. 또 사람들은 불귀신이 해코지하러 왔다가 드므의 물에 비친 자신의 모습을 보고 놀라서 달아날 것으로 생각하기도 했답니다.

💬 온천을 자주 갔던 왕들

으, 피로가 싹 풀리네.

조선 시대 왕들 중에는 병약해서 잔병치레를 자주 하거나 피부병의 일종인 부스럼으로 고생한 이들이 많았어요.
왕들 중 세종과 세조가 피부병과 눈병으로 고생을 많이 했고, 이를 치료하기 위해 두 왕 모두 온천을 자주 찾았다고 해요. 세종이 자주 간 곳은 온양 온천이랍니다.

휴! 진짜 힘든 하루였어.

하필 이 팬티를 입고 왔을 때 바지가 터질 게 뭐냐고~.

엄만 왜 이런 팬티를 사 와가지고!

내가 뛰었으면 1등은 따 놓은 당상인데~.

이제 여유롭게 게임이나 해 볼까~?

어쩔 수 없지.

다음 날

밤새 폭풍 설사를 하느라 한숨도 못 잤네.

아, 어제 뭘 잘못 먹었나….

63

2 진취적인 기상을 품은 큰 인물

선사·고조선 시대
약 70만 년 전~기원전 108년

약 70만 년 전
구석기 시대
시작됨

떼석기

기원전 8000년경
신석기 시대
시작됨

빗살무늬
토기

기원전 2333년
단군왕검,
고조선 건국

기원전 108년
고조선 멸망

팔만대장경

1392년
고려 멸망
이성계,
조선 건국

1251년
팔만대장경 완성

조선 시대
1392년~1897년

1443년
세종, 훈민정음 창제
(1446년, 반포)

1270년
무신 정권
무너짐

1231년
몽골 1차 침입
(~1259년, 6차례)

1592년
임진왜란
일어남

가장 아름답고
튼튼한 성을
지어야지.

수원 화성

1882년
임오군란 일어남

1884년
갑신정변 일어남

1636년
병자호란
일어남

1796년
수원 화성
완공

1811년
홍경래의 난
일어남

1876년
강화도 조약
맺음

1894년
동학 농민 운동
일어남

1866년
제너럴셔먼호 사건,
병인양요 일어남

553년
신라 진흥왕,
한강 유역 진출

676년
신라 문무왕,
삼국 통일을 이룸

내가 죽으면 동해의
용이 되어 나라를
지킬 것이니라.

538년
백제 성왕,
수도 사비성으로 옮김

668년
고구려 멸망

기원전 18년
온조, 백제 건국

660년
백제 멸망

삼국 시대
기원전 57년~676년

선화 공주님을
꼭 내 아내로
삼고 말겠어.

기원전 37년
주몽, 고구려 건국

남북국 시대
698년~926년

기원전 57년
박혁거세, 신라 건국

475년
고구려 장수왕,
백제 수도 한성 함락

698년
대조영,
발해 건국

신라인들을
괴롭히는 해적들을
모조리 소탕하라!

왕건, 고려 건국 **918년**

발해 멸망 **926년**

고려 시대
918년~1392년

828년 신라의 장보고,
청해진 설치

1170년
정중부, 이의방
무신 정권 수립

1019년
강감찬,
귀주 대첩으로
거란 격퇴

935년
신라 멸망

900년 견훤, 후백제 건국
(~936년)

901년 궁예, 후고구려 (마진·태봉)
건국(~918년)

1910년
한일 합병 조약으로
일본에 나라를 빼앗김

1920년
봉오동 전투·청산리 대첩
일어남

대한 제국
1897년~1909년

일제 강점기
1910년~1945년

대한민국
1948년~현재

1905년
을사늑약 체결

1919년
3·1운동 일어남
대한민국
임시 정부 수립

1945년
8·15 광복

1897년
대한 제국 성립

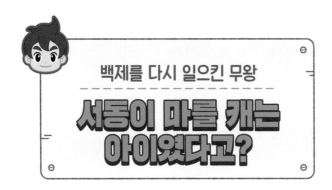

백제를 다시 일으킨 무왕

서동이 마를 캐는 아이였다고?

설쌤이 이번에 데려온 곳은 넓은 벌판이었어요. 벌판 가운데에 커다란 석탑이 두 개 마주 서 있었지요. 온달이 주위를 둘러보다가 깜짝 놀라 외쳤어요.

"여긴 과거가 아니네요? 저기 등산복을 입은 아저씨, 아줌마들이 있잖아요?"

평강도 고개를 갸웃거리며 물었어요.

"설쌤, 마법의 분필이 고장 난 거 아니에요?"

설쌤이 석탑 가까이 다가갔어요.

"여기는 전라북도 익산시의 미륵사 절터야. 이곳은 백제 무왕이 만들었다고 하지. 무왕은 쓰러져 가는 백제를 다시 부흥시킨 위대한 왕이었고, 이곳에서 무왕의 흔적을 찾아보는 시간을 가지려 해."

온달이 잔디밭을 뛰어다니며 깔깔 웃었어요.

"여기는 그냥 관광지잖아요. 실컷 놀다 가면 되겠네요."

평강도 온달을 따라가며 뛰어갔어요.

"돌아갈 때 마법의 분필도 필요 없겠어요. 오랜만에 기차 타고 집으로 가요."

그런데 설쌤은 진지한 표정으로 미륵사 절터를 돌아다니고 있었어요. 뒷짐을 진 채 풀이 자란 땅을 천천히 거닐 때는 눈을 지그시 감고 있었지요. 관광객들은 석탑을 배경으로 사진을 찍고 있었고, 온달과 평강도 핸드폰으로 서로 사진을 찍어 주었어요. 관광객들이 한쪽으로 사라졌을 때 온달은 평강에게 석탑 앞으로 서 보라고 했어요.

"저기 서 봐! 내가 네 최고의 인생 사진을 찍어 줄게."

평강이 활짝 웃고 있을 때 찰카!

온달이 평강에게 찍은 사진을 보여 주다가 화들짝 놀라 소리를 질렀어요.

"어? 이게 뭐야? 이 이상한 옷을 입은 사람은 누구지?"

"어머, 이건 백제 시대 옷인데?"

평강이 석탑 주위를 둘러보았지만, 그곳에는 온달과 설쌤 외에는 아무도 보이지 않았어요. 평강이 설쌤을 불렀어요.

"설쌤, 이것 봐 봐요. 핸드폰 사진에 귀신이 찍혔어요."

"하하하, 그럴 리가 있어?"

설쌤이 다가와서 사진을 보았어요. 설쌤은 천천히 사진을 확대해 보았지요. 석탑 앞에는 평강이 웃고 있었고, 평강 뒤쪽에 누군가 사진을 찍는 평강과 온달을 바라보고 있었어요. 설쌤이 깜짝 놀란 표정을 지으며 주위를 살펴보았어요.

"무왕! 이분은 이 미륵사를 만든 무왕이 틀림없어."

설쌤은 석탑 가까이 다가갔어요. 석탑은 한쪽이 파손*되어 있었지만, 여전히 크고 웅장하게 서서 아름다운 모습을 자랑하고 있었어요.

설쌤이 석탑에 손을 대고 눈을 감았어요.

"애들아, 이리로 와서 여기 손을 대어 봐."

온달과 평강이 설쌤 옆으로 가서 함께 손을 대어 보았어요. 그러자 꿈을 꾸는 것처럼 한 편의 영화 같은 파노라마 영상이

파손(破損) | 破 깨뜨릴 파 損 덜 손
깨어져 못 쓰게 된 상태를 뜻해요.

보여지며 내레이션이 흘러나오기 시작했어요.

　　백제 도읍 남쪽에 연못이 하나 있었어. 이 연못가에 젊은 과부가 살았는데 연못에 사는 용과 혼인하여 아들을 낳았지. 그 아이는 자라서 마를 캐어 팔아 살았어. 사람들은 마를 캐는 아이를 서동이라고 불렀어. 서동이 마를 캐는 아이란 뜻이거든. 서동은 재주가 많고 마음이 넓어서 모두로부터 사랑받는 아이였어.

　　서동이 자라 청년이 되었을 땐 흠잡을 데 없이 멋지고 늠름했어. 하루는 서동이 저잣거리에 나갔는데 사람들이 웅성거리는 소리를 들었어.

　　"신라 진평왕의 딸 선화 공주가 그렇게 예쁘다고 하네."

　　"나도 들었어. 신라 땅에서 가장 아름답다지!"

　　서동은 선화 공주를 아내로 삼겠다고 마음먹었어. 그래서 바로 신라의 도읍인 서라벌로 향했지. 서라벌에는 사람들이 아주 많이 살았어. 뛰어노는 아이들도 많았지. 서동은 아이들에게 마를 나누어 주며 자신이 만든 노래를 알려 주었어. 아이들이 고개를 끄덕이고 웃으며 말했어.

　　"재미있는 노래네요. 며칠 뒤면 신라 아이들 모두가 이 노래를 부르게 될 거예요."

노래 가사는 신라의 선화 공주가 서동과 몰래 결혼한다는 내용이었어.

서동이 아이들에게 가르친 노래는 곧 서라벌 여기저기에서 불렸어. 그 노래는 궁궐에까지 퍼지게 되었지. 어느 날 이 노래를 들은 진평왕이 화가 나서 선화 공주를 불렀어.

"이 고얀 것! 아니 땐 굴뚝에 연기가 나는 법이 없다. 행동이 바르지 못한 너는 이제 궁궐에서 살 수 없으니 당장 나가라!"

"아니에요! 전 서동을 알지도 못해요."

선화 공주는 울면서 매달렸지만 소용없었어. 선화 공주가 쫓겨날 때 어머니가 달려와 보따리 하나를 주었지.

"내 딸아, 보따리 안에 황금 덩이가 있으니 이걸 가져가렴."

선화 공주는 눈물을 흘리는 어머니와 작별하고 궁궐을 나왔어. 바깥세상은 두려운 곳이었어. 잘 곳도 없고, 몸을 의지할 곳도 없던 선화 공주는 정처 없이 걸었어. 그런데 웬 청년 하나가 나타나서 선화 공주에게 말을 걸었어.

"공주님! 저는 백제 사람 서동이라고 합니다."

"서동? 당신이 노래에 나온 바로 그 서동이라고요?"

"공주님, 죄송해요. 사실 그 노래는 제가 지어서 퍼뜨린 거예요."

서동은 선화 공주에게 마음을 표현했어. 선화 공주님이 아름답고 지혜롭다고 해서 멀고 먼 백제에서 신라까지 오게 되었고, 아내로 맞이하고 싶어서 그런 노래를 지었다고 했지. 선화 공주는 처음엔 화가 났지만, 늠름하고 멋진 서동이 마음에 들었어. 갈 곳 없는 처지의 몸으로 혼자 살아가기에도 힘든 세상이라고 생각했어.

"알겠어요. 당신의 아내가 되겠어요."

그리고 선화 공주는 보따리를 풀어 황금 덩이를 보여 주었어.

"이 황금을 팔아 함께 살도록 해요."

"이게 황금이라고요? 내가 마를 캐던 곳에 아주 많이 있는 것인데, 이것이 황금이었군요."

서동은 선화 공주를 데리고 마를 캐던 곳으로 갔어. 서동의 말처럼 황금이 이곳저곳에 널려 있었어. 서동은 황금을 캐어 신라의 진평

왕에게 보내 주고 결혼을 허락해 달라고 했지. 그리고 가난하고 힘들게 사는 백제의 백성들에게도 많은 것을 나누어 주었어. 백성들의 인심을 얻은 서동은 600년에 드디어 왕이 되었지.

영상이 지지직거리며 흔들리더니 꺼져 버렸어요. 석탑에 손을 대고 있던 셋이 손을 떼며 비명을 질렀지요.

"으아악! 감전된 것 같아."

온달이 호들갑을 떨며 손을 흔들었어요. 평강도 손이 아픈지 한 손으로 다른 손을 주물렀지요.

"아야야! 서동이 무왕이 된 거로구나."

석탑에서 손을 뗀 설쌤은 석탑 주위를 돌며 다시 손으로 더듬었어요.

"무왕은 백제 말기에 쓰러져 가던 나라를 다시 굳건히 세운 위대한 왕이었어. ≪삼국사기≫에는 무왕이 풍채*가 크고 기상이 호방하고 걸출했다고 기록되어 있지."

"어떤 면에서 그런 거예요?"

"무왕은 42년 동안 왕위에 있으면서 신라와 고구려를 향해 끊임없이 전투를 벌였어. 백제는 그 무렵에 신라와 고구려의 위세에 밀려 영토가 작아져 있었고, 점점 궁지에 몰리는 형국

풍채(風采)　　　風 바람 풍　采 캘 채
　　　　　　　　드러나 보이는 사람의 겉모양을 일컫는 말이에요.

이었지. 그런데 무왕 때에 이르러 나라를 방어하기 위한 산성을 구축하면서 신라에 빼앗긴 영토를 되찾기 위해 10차례 이상 군사를 일으켜 신라를 공격했지.”

온달이 잠자코 말을 듣고 있다가 깨달은 바가 있는지 탁 무릎을 쳤어요.

“아하, 알겠어요. 무왕은 어릴 적부터 용감하고 진취적이었잖아요. 좋아하는 사람을 만나기 위해 먼 신라까지 가서 뜻한 바를 이루었고요. 저도 이제부터 무왕처럼 씩씩하게 제 신붓감을 찾아볼게요.”

평강이 눈을 동그랗게 뜨고 온달을 바라보았어요.

“네 신붓감? 너, 내 신랑, 아니 고구려의 부마가 된다는 사실을 잊은 거야?”

온달이 당황해서 손사래를 쳤어요.

“하하하, 취소. 취소!”

그때 설쌤이 석탑에 손을 갖다 대고 눈을 감았어요.

“무왕을 다시 만났어. 자신의 아들인 의자왕이 백제를 멸망시킨 것 때문에 한이 맺힌다고 하네. 이제 그 시대로 건너가서 또 다른 위대한 인물을 만나 보자꾸나.”

삼국유사에 나오는 건국 신화

《삼국유사》에는 고조선, 고구려, 백제, 신라 등의 나라를 세운 시조에 관한 건국 신화가 기록되어 있어요. 알에서 깨어난 이야기는 허무맹랑해 보이지만, 신화를 해석하면 역사적 맥락을 이해할 수 있게 된답니다.

웅녀가 낳은 고조선의 단군왕검

옛날에 하늘신인 환인의 아들 환웅은 인간 세상을 구하고 싶었어요. 환인이 이를 알고 **환웅에게 검, 방울, 거울 세 가지를 주고 '널리 인간을 이롭게 하라'며 땅을 다스리게 했지요.** 환웅이 무리 3,000여 명을 이끌고 태백산 신단수 아래에 내려와 인간 세상을 다스리기 시작했어요. 환웅은 바람과 비와 구름을 움직이며 인간의 일들을 다스렸지요. 하루는 곰과 호랑이가 환웅에게 빌었어요. 자신이 사람이 되게 해달라는 소원이었어요.

환웅은 곰과 호랑이에게 쑥과 마늘을 주며 "이것을 먹으며 백 일 동안 햇빛을 보지 않으면 사람이 될 것이다."라고 했지요. 호랑이는 견디지 못했고, 곰은 이를 따라 여자가 되었어요. 웅녀는 다시 또 아이를 낳고 싶다고 빌었고, 이에 환웅이 잠시 사람으로 변해 웅녀와 결혼했지요. 이들 사이에 낳은 아들이 고조선을 세운 단군왕검이랍니다.

알에서 나온 신라의 박혁거세

경북 경주시 탑동에 있는 우물인 '나정'은 신라의 시조인 박혁거세와 관련한 탄생 신화가 남아 있는 곳이에요. 신라가 있기 전 사로국에는 6개의 촌락이 있었고, 이 6부 촌장들이 알천 언덕에 함께 모여 자신들을 이끌 임금을 모시자는 회의를 하고 있었어요. 그런데 갑자기 남쪽에서 번갯불 같은 이상한 기운이 번쩍이는 것을 보았어요. 남쪽의 양산 산기슭의 나정이라는 우물 쪽에서 솟아오르는 기운이었어요. 이들이 가 보았을 때 백마 한 마리가 울부짖으며 하늘로 올라가고 있었고, 그 자리에 자줏빛의 큰 알이 하나 놓여 있었지요. 촌장들이 다가갈 때 알이 깨지더니 그 안에서 광채가 나는 사내아이가 나왔어요. 그 주위로 짐승들이 몰려와 춤을 추고, 하늘과 땅이 울렁이며 태양은 더욱 밝게 빛났지요. **촌장들은 알이 박과 같이 커서 아이의 성을 '박'으로 하고, 이름을 혁거세라고 지었어요.** 이 박혁거세가 신라의 시조랍니다.

하늘과 강의 자손인 고구려의 고주몽

강을 다스리는 신인 하백의 세 딸 중 유화가 연못에 놀러 갔다가 하늘신의 아들 해모수를 만나게 되어요. 둘은 사랑하는 사이가 되었지만, 하백은 이들의 결혼을 허락하지 않았어요. 하백은 해모수를 시험했고, 이에 화가 난 해모수는 홀로 하늘로 돌아가 버렸지요. 하백도 화가 나서 유화를 귀양 보냈어요.

귀양 간 유화는 우연히 동부여의 금와왕을 만나게 됐고, 금와왕은 유화를 불쌍하게 여겨 궁궐로 데려갔지요. 하지만 유화가 커다란 알을 낳자, 금와왕은 불길한 징조라고 여겨서 알을 빼앗아 돼지우리에 던져 버렸어요. 돼지들은 이 알을 먹지 않고 소중히 다루었고, 다시 길가에 버리니 소와 말들도 알을 피해 다녔지요. 새들은 오히려 알을 품어 주었고요. 금와왕은 유화에게 알을 돌려주었고, 얼마 후 알을 깨고 사내아이가 나왔어요. 아이는 일곱 살이 되자 스스로 활과 화살을 만들어 쏘았는데 쏘기만 하면 백발백중이었어요. 이에 **아이의 이름을 활을 잘 쏘는 아이란 뜻의 주몽으로 지었지요.** 주몽은 금와왕의 일곱 아들이 자신을 해치려 하자, 부여를 떠나 고구려를 세우게 되었답니다.

금관가야를 세운 김수로

가락국 또는 금관가야는 42년부터 532년까지 지금의 경상남도 김해 지역에 있었던 나라로 가야 연맹을 이끌었어요. **금관가야를 세운 이는 수로왕인데, 수로왕은 황금색 알에서 태어났다고 해요.** 42년에 9개 부족의 족장들이 그들을 따르는 수백 명의 무리와 함께 구지봉에 올랐는데 어디선가 신비한 목소리가 들려왔어요. 형체는 보이지 않은 채 목소리만 사람들을 향해 울렸어요. 그 목소리는 이렇게 말했어요. "여기에 사람이 있는가?" 사람들이 깜짝 놀라서 함께 대답했지요.

"네, 저희가 이곳에 있습니다." 그러자 목소리는 자신이 그들을 다스리기 위해 왔다고 하며 구지가를 부르게 했어요. 사람들이 "거북아, 거북아, 머리를 내놓아라. 그러지 않으면 구워서 먹으리라."라고 구지가를 불렀고, 이에 하늘에서 붉은 보자기에 싸인 금빛 상자가 내려왔어요. 상자 안에는 황금알 여섯 개가 들어 있었어요. 그 알에서 사내아이들이 태어났는데 키가 가장 크고 가장 먼저 알에서 깨어난 아이가 수로왕이었답니다.

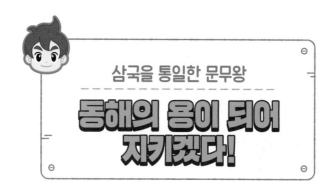

삼국을 통일한 문무왕

"오, 여긴 어디예요? 정말 화려한 곳이네요."

온달이 주위를 둘러보며 말했어요. 평강도 깜짝 놀란 얼굴이었어요.

"이렇게 멋진 집에는 어떤 사람이 살까?"

설쌤이 두 아이에게 옷가지를 나누어 주었어요.

"여긴 신라 서라벌의 궁궐이야. 사람들의 눈에 띄기 전에 이 신라 옷으로 갈아입으렴."

평강이 입을 삐죽거렸어요.

"위대한 인물을 만나러 간다고 했으면 우리 고구려로 갔어야죠. 흥, 고구려의 적국인 신라로 오다니!"

"고구려에도 물론 위대한 인물이 많지만, 이분은 아주 큰 업적을 이룬 분이지."

설쌤이 평강을 달래며 주섬주섬 옷을 입었어요. 그러고는 살금살금 궁궐 깊숙이 들어갔지요.

궁궐의 어느 커다란 방에 사람들이 모여 있는 것 같았어요. 신라의 여러 신하들과 왕족이 모두 모인 것 같았지요. 온달이 설쌤에게 귓속말을 했어요.

"설쌤, 잔치를 벌이는 거예요? 신라 음식 맛있어요?"

"쯧쯧, 지금 음식 타령할 때가 아니야."

그때 갑자기 울부짖는 소리가 들렸어요.

"흑흑, 대왕 폐하! 아직 때가 아니옵니다."

"폐하, 정신을 차리시옵소서."

설쌤이 온달과 평강에게 따라오라고 손짓을 했어요. 사람들은 경황이 없어서 셋이 뒤에 서 있는 것도 몰랐지요. 설쌤이 귓속말로 온달과 평강에게 번갈아 말했어요.

"저기 누워 있는 분은 삼국을 통일한 문무왕이야. 지금 저세상으로 갈 준비를 하고 있는 것이지."

문무왕의 주위에는 여러 신하들이 눈물을 흘리고 있었어요. 왕족으로 보이는 이들도 문무왕의 얼굴만 하염없이 바라보고 있었지요. 그때 문무왕이 힘겹게 입을 열었어요.

"난 이제 눈을 감아도 여한이 없소. 세자 때부터 아버지 태종 무열왕과 김유신 장군과 더불어 신라를 위협하는 나라들을 상대했고, 백제와 고구려를 차례대로 멸망시킬 수 있었소. 우리 땅을 차지하고자 한 당나라까지 이 땅에서 몰아내고 삼국을 통일했으니 이제 떠나도 미련이 없다오."

신하들이 고개를 숙이며 슬픔에 찬 울음을 흐느꼈어요.

"흑흑, 대왕 폐하!"

문무왕은 눈을 뜨고 있는 것도 힘겨워 보였어요. 살짝 벌려진 입술 사이로 가는 숨이 약하게 새어 나왔어요.

"내게 한 가지 아쉬운 것이 있다면……."

문무왕이 말을 채 끝내지 못한 채 눈을 감아 버리자, 에워싸고 있던 신하들과 왕족들이 한꺼번에 탄성을 질렀어요.

"아, 대왕 폐하!"

그때 설쌤이 온달과 평강에게 말했어요.

"사람은 죽기 전에 자신이 살아온 인생을 파노라마처럼 본다고 해. 문무왕은 아직 죽은 게 아니야."

온달과 평강이 설쌤의 손을 잡고 눈을 감자, 문무왕이 보고 있는 지나간 시간들이 함께 보이기 시작했어요.

문무왕은 아버지인 태종 무열왕이 세상을 떠난 후, 661년 신라의 서른 번째 왕으로 오른 날을 떠올렸어요. 모두 축하의 인사를 전하고 있을 때 문무왕의 마음은 무겁기만 했어요. 그 전해에 당나라와 함께 백제를 멸망시켰지만, 백제 부흥군들이 나타나 맞서고 있을 때였어요. 문무왕은 김유신을 불러 당나라 군대와 함께 그들을 물리치게 했어요. 김유신이 이끄는 신라군과 당나라 군대는 치열한 전투 끝에 승리를 거둘 수 있었지요. 문무왕은 그 소식을 듣고 아주 기뻤던 것이 떠올랐어요.

그때 기억에서 벗어나 다시 눈을 번쩍 떴어요. 문무왕이 죽은 줄만 알았던 신하들과 왕족들이 한숨을 돌렸어요.

"폐하께서 다시 눈을 뜨셨다!"

문무왕은 채 말을 끝내지 못했던 것이 떠올랐는지 다시 입을 열었어요.

"내가 지금 죽어도 여한이 없지만, 한 가지 걱정되는 것이 있다면……."

이번에도 문무왕은 말을 끝내지 못하고 눈을 감았어요. 신하와 왕족들은 문무왕이 숨을 거둔 줄 알고 통곡을 시작했지요.

"폐하, 아직 가실 때가 아니옵니다!"

문무왕은 숨을 거둔 것이 아니었어요. 다시 옛 시간으로 돌아가 있었지요. 이번에는 고구려를 멸망시킬 때가 떠올랐어요.

고구려의 연개소문이 죽자, 고구려는 나라가 흔들리기 시작했어요. 연개소문의 아들들이 서로 권력을 잡기 위해 싸웠던 거지요. 문무왕은 김유신에게 군사를 주어 당나라와 함께 고구려로 쳐들어가게 했어요. 수차례에 걸쳐 고구려를 공격했고, 굳게 닫혔던 성문이 열린 후 신라와 당나라 군사는 물밀듯이 들어가 고구려 군사들을 해치고, 불을 질렀어요. 뜨거운 불길이 며칠 동안이나 계속되었지요. 668년, 그 소식을 전해 들은 문무왕은 아주 기뻐했어요.

문무왕이 다시 숨을 쉬었어요. 죽은 줄 알았던 문무왕이 숨을 쉬고 눈을 뜨자 신하들이 기뻐서 소리를 질렀어요.

"폐하께서 살아 돌아오셨다!"

문무왕은 죽기 전 신하들에게 당부하고 싶은 말이 있었어요.

"내가 아직 눈을 감지 못한 것은 이 말을 하기 위함이야. 모두 새겨들어라. 그 말은……."

그런데 이번에도 말을 마치지 못한 채 눈을 감고 말았어요. 신하들은 고개를 숙여 귀를 가까이 댔다가 눈을 감은 문무왕을 보고 다시 눈물을 흘렸어요.

"폐하, 이대로 가시면 아니 되옵니다!"

문무왕은 아직도 저세상으로 간 것이 아니었어요. 설쌤과 평강, 온달이 문무왕의 지나간 시간들을 함께 보고 있었지요.

문무왕은 당나라를 몰아낼 때를 떠올렸어요. 신라와 당나라가 손을 잡고 백제와 고구려를 물리쳤지만, 그 후 당나라는 그 땅을 자신이 차지하려고 했어요. 고구려 땅과 백제 땅에 자신들의 관청을 세우고, 신라에도 관청을 세운 후 신라 왕을 자신의 부하처럼 취급하려 했지요. 참다못한 문무왕은 당나라와 전쟁을 벌이기로 했어요. 하지만 이때는 백제와 고구려를 정벌한 명장 김유신도 일흔의 노장*이 되어 활약할 수 없었어요. 그럼에도 문무왕은 장수들을 시켜 백제 땅에 머물고 있던 당나라군과 싸우게 했어요.

신라와 당나라는 한강 유역과 대동강 유역에서 큰 전투를 벌였지

노장(老將) 　老 늙을 **노** 　將 장수 **장**
늙은 장수를 말해요.

요. 676년 11월(기벌포 전투)에는 당나라에서 설인귀를 대장으로 삼아 대군으로 공격을 해 왔어요. 신라군은 맹렬하게 맞섰고, 당나라군은 이를 견디지 못하고 물러났지요. 대동강에서 원산만에 이르는 한반도 남쪽 땅에서 당나라 군사를 모두 몰아낸 때였어요. 676년(나당 전쟁 종결), 문무왕이 가장 기쁜 날이었지요.

"껄껄껄!"

죽은 줄 알았던 문무왕이 갑자기 웃으며 눈을 떴고, 신하들과 왕족들은 또다시 놀랐어요.

"폐하께서 다시 살아오셨다!"

문무왕은 못다 한 말을 이어서 했어요.

"내가 남기고자 한 말은 이것이다. 내가 죽거든 내 시신을 화장하여 동해의 큰 바위에서 장사[*] 지내거라. 우리 신라를 괴롭히는 왜를 무찌르지 못하고 가는 것이 한이었다. 내가 죽어서 동해의 용이 되어 나라를 지킬 것이다."

문무왕이 말을 마치고 드디어 숨을 거두었어요. 신하들은 극진히 예를 갖추어 시신을 수습했어요. 얼마 후, 문무왕의 말에 따라 시신을 화장했고, 동해 바닷가로 장사를 지내기 위해 떠났어요. 신하와 왕족들이 모두 뒤를 따라서 행렬은 아주 길었어요. 백성들이 그 행렬을 보기 위해 길에 나왔지요.

장사 (葬事)　　葬 장사지낼 장　事 일 사
죽은 사람을 땅에 묻거나 화장하는 일을 말해요.

설쌤과 온달, 평강도 행렬의 뒤를 따랐어요. 오랜 시간을 걸어가자 동해의 해변에 도착했어요. 그곳에는 해변과 가까운 바다에 정말 커다란 바위가 있었어요. 그걸 보고 온달이 설쌤에게 말했어요.

동해의 용이 되어 나라를 지키겠노라.

"아! 대왕암이죠? 저도 가 본 적 있어요."

"맞아. 경주와 가까운 바닷가에 있지."

평강이 장사를 지내는 모습을 빤히 보며 말했어요.

"신라의 왕들은 커다란 왕릉*에 묻히곤 했는데, 문무왕은 나라를 지키려는 마음이 대단했나 봐요."

그때 장사를 지내는 곳에서 하얀 연기가 하늘 위로 올라가는 것이 보였어요. 마치 용을 닮은 모습이었지요. 그 용처럼 생긴 연기는 하늘 위에서 용트림을 몇 번 하더니 다시 바닷물 속으로 들어가는 것 같았어요. 설쌤이 그 연기를 보며 고개를 끄덕였어요.

"삼국을 통일한 위대한 왕이 정말 용이 되었나 봐."

왕릉(王陵)	王 임금 **왕** 陵 큰 언덕 **릉** 임금의 무덤을 일컬어요.

삼국 통일을 이끈 또 다른 영웅들

김유신

▲김유신의 흉상

신라의 무신으로 무열왕과 문무왕을 도와 삼국 통일 전쟁을 주도해서 태대각간이라는 전무후무한 최고 관직을 받아요. 금관가야의 왕족 후손으로, 금관가야가 신라에 복속된 후 신라의 귀족으로 성장해요. 청년 시절부터 여러 전투에 참여해 공을 세우다가 훗날 **무열왕이 되는 김춘추와 정치적 동맹자로서 함께 손잡고 삼국 통일에 앞장섰어요.** 삼국 통일 전 과정에서 활약한 후, 문무왕 13년에 숨을 거두어요.

무열왕

▲경주 태종무열왕릉비

김유신과 함께 삼국 통일에 가장 큰 역할을 한 인물이 김춘추예요. 김춘추는 백제, 고구려와의 전쟁에 당나라를 끌어들인 인물이기도 해요. 외교적인 수완이 뛰어나서 백제와의 결전을 앞두고는 고구려의 연개소문을 찾아가기도 하고, 직접 당나라에 가서 당 태종으로부터 군사를 지원해 주기로 허락받기도 해요. 진덕 여왕이 서거한 후, 진골 등의 귀족 세력이 알천을 왕으로 추대하려 했으나 알천은 이를 사양하고 자신의 동생 김춘추에게 양보했어요. **김춘추는 무열왕으로 즉위한 후, 660년에 백제를 멸망시켰으나 661년에 숨을 거두고 말지요.**

김흠순과 김품일

▲황산벌 전투를 그린 그림

김흠순은 김유신의 동생이고, 김품일은 진골 출신의 귀족이었어요. **두 사람은 백제와 고구려와의 전투 때 주도적으로 군사들을 이끌고 지휘했어요.** 백제 계백과의 황산벌 전투 때 김유신은 대장군으로 출전하여 군사를 이끌었어요. 수적 열세에도 불구하고 계백이 이끄는 백제군은 만만치 않았고, 신라군의 사기가 꺾여 있을 때 어린 화랑 둘이 자신의 목숨을 바치며 신라군의 사기를 올리지요? 화랑 반굴과 관창이었어요. 김흠순의 아들이 반굴이고, 김품일의 아들이 관창이랍니다.

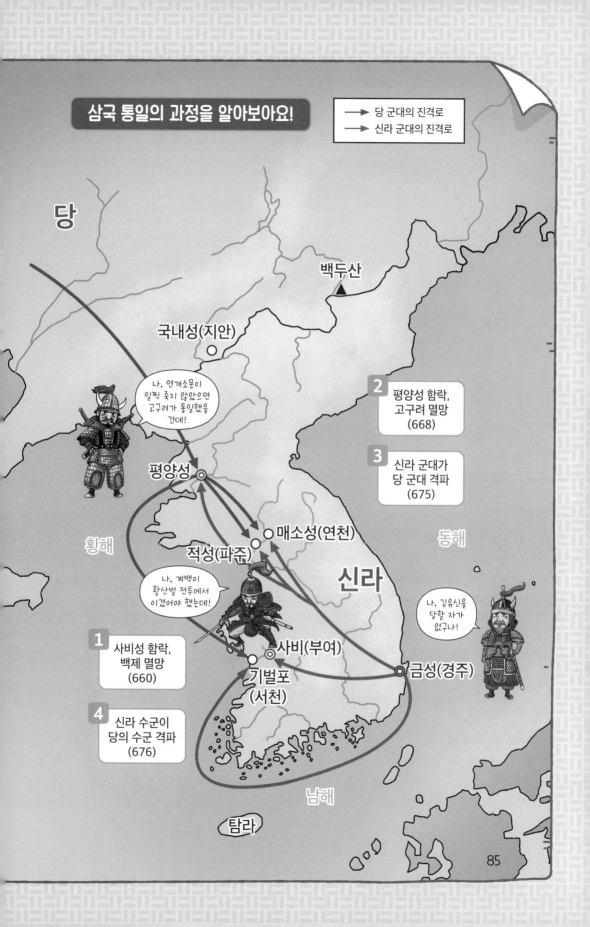

바다의 왕, 장보고

해적을 모두 무찔러라!

쿵!

셋이 이번에 떨어진 곳은 배의 갑판 위였어요. 딱딱한 나무 갑판 위에 떨어져서 온몸이 아팠지요. 온달이 무릎을 쓰다듬으며 일어났어요.

"통일 신라 시대의 인물을 만나러 온다더니 왜 배 위로 떨어진 거예요?"

"두고 보면 알게 돼."

설쌤이 자신 있게 말해 놓고선 주위를 둘러보더니 당황하는 표정을 지었어요.

"어? 저 사람들이 입은 건 중국옷이잖아. 신라 배가 아니었네. 들키기 전에 저기 물건 쌓아 놓은 곳으로 가서 숨어 있자."

설쌤과 온달, 평강은 얼른 몸을 숨겼어요. 배에 타고 있는 선원들은 한눈에 봐도 거칠어 보였어요. 손에는 날카로운 칼과 활을 들고 있었어요. 셋은 여전히 신라의 옷을 입고 있어서 선원들에게 들켰다가는 위험한 상황을 맞을 것 같았지요.

그때 선원들이 알 수 없는 말로 시끄럽게 떠드는 소리가 들렸어요. 고개를 들어 살펴보던 설쌤이 흠칫 놀라서 말했어요.

"이 배는 당나라 해적들이 탄 해적선인가 봐. 지금 신라 쪽 상선을 공격하려고 해."

해적선은 거친 파도를 헤치며 신라의 상선으로 점점 다가가고 있었어요. 해적들이 칼을 높이 들고 상선에 닿기만을 기다리는 것 같았어요. 상선에 탄 신라 사람들이 어찌할 바를 몰라 허둥지둥하는 것이 보였어요.

온달이 설쌤의 다리를 붙잡고 졸랐어요.

"설쌤! 얼른 다시 돌아가요. 여기 있다간 저 해적들에게 잡힐 게 뻔해요."

그 순간, 해적들이 더 시끄럽게 고함을 지르기 시작했어요. 해적들이 무언가를 보고 놀라서 한쪽을 향해 화살을 퍼부었어요. 평강이 그 모습을 보고 손가락으로 가리켰어요.

"저기 또 다른 배가 해적선으로 다가오고 있어요! 저 배를 보고 해적들이 놀란 모양이에요."

커다란 배에서도 해적선을 향해 화살을 쏘아 댔고, 셋은 머리 위로 나무판자를 덮어서 몸을 숨겼어요.

"으, 화살에 맞을 순 없어."

얼마 후, 칼끼리 부딪치는 소리, 싸움을 벌이는 듯한 소리가 요란하게 들리다가 다시 조용해졌어요. 온달이 설쌤에게 귓속말을 했어요.

"후유, 다 끝났나 봐요."

그때 누군가가 다가와서 소리를 질렀어요.

"여기 해적 셋이 남아 있다. 이들도 붙잡아라!"

해적과 싸운 이들이 설쌤과 온달, 평강까지 해적으로 본 것이었어요. 셋은 졸지에 해적으로 몰려 붙잡히는 신세가 되고 말았지요.

설쌤과 온달, 평강이 붙잡혀 간 곳에는 커다란 깃발이 펄럭이고 있었어요. 설쌤이 바람에 나부끼는 깃발을 보며 씨익 웃었어요.

"청해진? 하하, 여기는 완도야. 드디어 또 다른 위대한 인물을 만날 수 있겠구나."

온달은 밧줄에 꽁꽁 묶인 것도 걱정인데 태연한 설쌤을 보고 울화통이 났어요.

"도대체 누굴 만난다는 거예요?"

"장보고! 통일 신라 시대 때에도 중국과 일본을 오가는 배들이 많았단다. 물건을 서로 사고팔며 교류를 활발하게 했었어. 그런데 이런 배들을 공격하는 해적들이 골칫거리였지. 장보고는 해적을 소탕하며 이런 배들을 보호해 주었고, 여러 나라와의 무역을 통해 큰 상권을 거머쥐었지. 그래서 장보고를 바다의 왕이라고 불렀단다."

셋이 한창 이야기를 나누고 있을 때 군사들이 와서 셋을 끌고 나갔어요. 평강이 군사들에게 끌려가며 소리쳤어요.

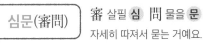

설쌤, 어떡해요!

바다의 왕이 우릴 구해 줄 거야.

"우리를 죽이려는 건 아니죠? 우린 해적이 아니에요."

발버둥을 치며 나오자 눈이 매섭고 위풍당당한 모습으로 서 있는 한 장수가 있었어요. 설쌤이 온달과 평강에게 말했어요.

"저분이야! 저분이 장보고야."

군사들이 셋을 장보고에게 끌고 간 것은 심문*하기 위해서였어요. 중국의 해적선에 신라 옷을 입고 있는 이들이 탄 것이

심문(審問)	審 살필 **심** 問 물을 **문** 자세히 따져서 묻는 거예요.

수상했던 거지요. 장보고는 설쌤과 온달, 평강을 첩자라고 생각했어요. 장보고가 끌려 나온 셋을 뚫어지게 쳐다보았어요.

"너희들은 청해진에 잠입해서 우리 군을 염탐*하려 한 당나라 해적이지?"

평강이 고개를 세차게 흔들었어요.

"아니에요. 우린 신라 말도 할 수 있고, 신라 옷도 입고 있잖아요. 신라 사람들이에요."

"신라 옷이야 구해서 입으면 되고, 신라 말도 배운 것이겠지. 당장 네놈들의 정체를 밝혀라!"

설쌤이 고개를 숙이며 장보고에게 예를 표시했어요.

"저희는 장군에 대해 무척 잘 알고 있습니다. 당의 해적들에게 붙잡혀 있던 신세였는데 존경하는 장보고 장군께서 구해 주셨으니 정말 감사합니다."

"나에 대해 잘 알고 있다고? 무얼 얼마나 잘 안다는 것이냐?"

설쌤이 밧줄에 꽁꽁 묶인 채 줄줄 말하기 시작했어요.

"장군의 어릴 적 이름은 '궁복'이었지요. 일찍이 친구 '정년'과 당나라의 서주로 건너갔고, 그곳에서 군인이 되었어요. 말타기와 창술이 뛰어나서 높은 직책까지 올라가셨고요."

염탐(廉探) | 廉 청렴할 염　探 찾을 탐
몰래 남의 사정을 살피고 조사하는 거예요.

장보고가 피식 웃었어요.

"나는 온 바다에 이름을 떨치고 있어서 이미 많은 이들이 그 정도는 알고 있다. 그걸 안다고 나에 대해 잘 알고 있다고 할 순 없지."

"장군이 신라로 돌아온 것은 딱한 신라인들을 돕기 위해서가 아니었던가요? 당나라의 군인으로 있을 때 해적에게 잡혀서 노예가 된 신라인들을 보았고, 신라의 백성을 보호해 주기 위해 돌아온 것으로 압니다. 신라로 돌아온 후 흥덕왕을 찾아가 그런 뜻을 전했고, 이에 감복*한 흥덕왕이 군사 1만을 내주며 완도에 '진'을 설치하고, 해적들을 소탕하게 한 것이지요."

장보고가 고개를 끄덕였어요.

"나에 대해 많이 알긴 하는군. 흠, 그래서 더 의심스럽다. 당나라 해적들의 첩자여서 나에 대한 공부를 더 한 모양이로구나. 내 말이 맞지?"

온달이 듣고 있다가 답답했던지 장보고를 향해 말했어요.

"어휴, 답답해요! 우리가 어디 해적처럼 보여요? 여기 설쌤은 역사라면 모르는 것이 없는 분이고, 여기 애, 평강은 고구려의 공주라고요."

장보고가 깜짝 놀란 표정을 지으며 말했어요.

감복(感服) 　感 느낄 **감** 服 입을 **복**
진심으로 크게 감동하는 걸 말해요.

"뭐라고? 고구려의 공주? 고구려가 망한 게 언제인데…….
그렇다면 너희들은 고구려의 부흥을 노리는 반역자들이구나."

온달이 고개를 세차게 흔들며 외쳤어요.

"아니! 아니, 그 말이 아니에요."

장보고가 생각에 잠깐 잠겼다가 말했어요.

"나는 어릴 적 바다를 보며 큰 꿈을 키웠었다. 군인이 되어
넓은 땅을 호령해 보고 싶었고, 바다를 누비며 온 세상의 이들
을 만나보고 싶었다. 이곳 청해진에서 바다를 바라볼 때면 그
때 꾼 꿈들이 점점 이루어지고 있다는 생각이 든다. 신라 백성

내가 지키고
있는 한 해적들은
이곳에 얼씬도 할 수
없을 것이다.

들을 위해 노력하는 것이야말로 가치 있는 일이 아니겠느냐. 그런데 너희들은 그런 반역이나 도모*하고 있다니 용서할 수가 없다. 당장 너희들을 처단하겠다."

온달이 주위를 둘러보며 외쳤어요.

"저희를 죽인다고요? 그럼 저기 맛있는 음식이라도 먹고 죽게 해 주세요."

청해진에서는 해적들을 소탕하고 돌아온 것을 축하하기 위해 잔치 준비를 하고 있었어요. 고기를 굽는 냄새가 솔솔 풍겨 와서 입안에서 침이 고일 정도였지요. 설쌤은 밧줄에 묶이기 전 손에 쥔 마법의 분필을 만지작거렸어요. 장보고가 온달의 말을 들어줄 리가 없다고 생각했거든요. 장보고가 군사들에게 외쳤어요.

"반역을 도모한 저 첩자들의 목을 당장 베어라!"

군사들이 칼을 높이 들고 다가오고 있었어요. 그 순간, 설쌤이 온달과 평강 곁으로 바짝 다가갔어요. 그리고 손에 든 마법의 분필을 쥐고 '역사 사(史)' 자를 쓰며 무어라고 중얼거렸지요. 세 사람이 그 자리에서 사라지기 전, 설쌤이 장보고를 향해 마지막으로 외쳤어요.

"바다의 왕이여, 그 기상을 더 널리 떨치소서!"

도모(圖謀) | 圖 그림 도 謀 꾀할 모
어떤 일을 이루기 위해 대책과 방법을 세우는 거예요.

세계를 오간 또 다른 영웅들

혜초

신라 성덕왕 때의 승려로 《왕오천축국전》을 남겼어요.
세계에서 가장 오래된 여행기로 꼽히는 《왕오천축국전》
에는 혜초가 불교의 성지들을 다니며 기록한 불교에 관한
기록이 남아 있어요. 또한 사료로서 더 가치 있게 평가되는
점도 있어요. 혜초는 갈 때는 해로를 이용하고, 돌아올 때는
육로를 이용했는데 8세기의 인도와 중앙아시아, 아랍권의
문화 등이 생생하게 기록되어 있다는 점이에요. 남북국 시
대 때도 세계는 빈번하게 서로 교류하고 있었지요. 《왕오
천축국전》은 프랑스 국립 도서관에 보관되어 있답니다.

▲혜초가 쓴 <왕오천축국전>

문익점

▲문익점이 들여온 목화

고려 때의 학자로 원나라에서 목화씨를 몰래 들여
와 우리나라에 전했어요. 1329년 산청에서 태어난
문익점은 서른 살 무렵 과거에 급제했어요. 이후 사
신으로 뽑혀 원나라에 가게 되었고, 몰래 목화씨를
지니고 고려로 돌아왔지요. 관직에서 쫓겨난 후 고
향으로 내려가 장인인 장천익과 함께 목화씨를 밭
에 심었어요. 처음에는 실패했지만, 반복된 도전 끝
에 마침내 목화 재배에 성공했어요. **문익점의 노력으로 이전까지 대체로 얇은 삼베옷만
입었던 백성들은 겨울에도 따뜻하게 옷을 지어 입을 수 있게 되었답니다.**

홍대용

조선의 학자 홍대용은 1765년 서른여섯 살의 나이로
아버지를 따라 청나라에 갔어요. 그곳에서 서양 선교사
등과 교류하며 수학, 천문학에 관한 새로운 지식을 깨우
쳤어요. 이후에 천문학 등을 꾸준히 연구해 '지구가 둥글
고 하루에 한 번씩 돈다'는 자전설을 주장하고, 혼천의를
만들기도 했어요. 홍대용은 과학 문물뿐만 아니라 청나
라에서 보고 들은 것을 참고삼아 토지 개혁과 인재 등용
등을 과감하게 바꾸려 한 북학파의 선구자였답니다.

▲자전설을 주장한 실학자 홍대용

청해진에 우뚝 선 해상왕, 장보고

- 국가
통일 신라

- 본명
궁복 또는 궁파

- 살았던 때
(~846년)

- 직업
군인, 상인

- 관직
청해진 대사

- 성격
활달하고 도전을
두려워하지 않음

주요한 활동

828년 완도에 청해
진을 설치하고, 해적
을 소탕하며 해상권을
장악했어요. 당, 신라,
일본을 잇는 국제 무
역을 주도했지요.

죽음의 비밀

신라 귀족과 신하들
은 장보고가 왕이 되
려고 한다고 문성왕에
게 경고했고, 이에 문
성왕이 한때 장보고의
부하였던 염장을 보내
장보고를 살해했어요.

▲완도군에 있는 청해진 유적

청해진은 통일 신라 흥덕왕 3년(828년)에
장보고의 요청에 따라 지금의 전라남도 완
도군 장도에 설치하였던 진이에요. 초기에
는 해적을 방비하기 위한 군사 거점으로서
설치되었는데 이후 해상 무역의 주요 거점
으로서 경제적으로도 번영을 누렸지요.

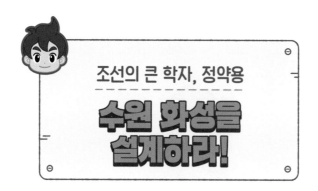

조선의 큰 학자, 정약용

수원 화성을 설계하라!

"어이쿠!"

온달과 평강은 이번엔 푹신한 풀숲으로 떨어졌어요. 설쌤은 벌써 일어서서 그 바로 앞에서 벌어지고 있는 건축 현장을 바라보고 있었지요.

"어서들 일어나 봐. 저기 짓고 있는 것이 무엇 같니?"

앞에는 커다란 돌로 성곽을 쌓고 있는 것이 보였고, 성곽을 따라가 보니 커다란 문도 보였어요.

온달이 눈을 비비고 다시 쳐다보았어요.

"어? 숭례문 아니에요?"

"아니야! 날 따라와 보렴."

성곽을 쌓고 있는 주변에는 많은 이들이 일하고 있었어요. 그 사람들 중 한 명이 셋을 보고 웃었어요.

"이보게들, 그건 무슨 옷차림인가?"

설쌤과 온달, 평강은 여전히 신라 옷을 입고 있었지요. 신라 옷은 조선 시대 옷과는 조금 달라서 마치 유행에 뒤떨어진 것 같았어요.

"하하하, 옷감이 없어서 오래전 것을 계속 입고 있네요."

"허허, 그러면 일해서 옷감을 마련해야지. 내가 말해 줄 테니 여기 화성 만드는 일을 함께 하게나."

"그럼, 고맙지요!"

설쌤이 온달과 평강을 이끌고 사람들 쪽으로 걸어갔어요. 평강이 싫은 표정을 지으며 투덜거렸어요.

"화성이라면 수원이구나. 우리 성 쌓는 일을 해야 해요?"

온달은 별생각이 없어 보였어요.

"전 괜찮아요. 맛난 음식만 주면 뭐든지 할 수 있어요."

화성을 만드는 일은 여간 힘든 일이 아니었어요. 땀 흘리며 일하는 일꾼들과, 이들을 분주하게 재촉하는 관리들도 보였어요. 온달과 평강은 어디선가 가져온 돌을 끙끙 밀었고, 설쌤은 나무를 깎는 목수 옆에서 일을 거들었어요. 온달이 어느샌가 설쌤 옆으로 와서 다시 투덜거렸어요.

"맛난 음식도 좋지만 너무 힘들어요. 그리고 누군 힘들게 일하고 누군 편하게 있는 모습도 꼴사납고요.”

온달이 한쪽에서 무언가를 지시하는 이를 가리켰어요. 그 사람의 옆에는 희한한 생김새의 기계 같은 것이 있었어요. 그 사람이 지시하자 그 기계를 성곽을 쌓는 아래쪽으로 끙끙대며 옮겼지요. 설쌤이 온달을 잡아당겼어요.

“우리도 저기로 가 보자. 저기 정약용이 설계한 거중기란 것이 있어! 작은 힘으로 무거운 물건을 쉽게 들어 올릴 수 있는 놀라운 발명품이지.”

관리는 일꾼들에게 거중기의 사용법을 설명하고 있었어요. 그때 일꾼 중 하나가 관리에게 엉뚱한 것을 물었어요.

“나으리, 한양에 사대문이 있는 커다란 성곽이 있는데, 왜 여기에 또 짓는 것입니까?”

“임금님께서는 새로운 도시를 건설*하고 싶어 하시네. 이 화성이 다 만들어지면 이곳은 아주 살기 좋은 곳이 될 걸세.”

설쌤이 온달과 평강에게 수원 화성과 정약용에 관해 설명해 주었어요.

“정조 임금은 자신의 아버지인 사도세자가 뒤주에 갇혀 죽은 것에 한을 가졌고, 효성이 지극한 아들이어서 수원과 가까운 곳에 묘를 옮기면서 새로운 도시를 만들려 했어. 새로운 도

건설(建設) 建 세울 건 設 베풀 설
건물이나 시설 등을 새로 만들어 세우는 걸 말해요.

흐흑…
아버지!

시를 중심으로 자신이 실현하고 싶은 정치를 하려 했던 거야. 그 정조가 가장 총애*한 신하가 정약용이었고, 정약용은 화성을 만드는 과정에서 방어와 공격에 유리하면서도 실용적인 구조를 가진 성곽을 창안했지."

온달이 일꾼에게 설명하는 관리를 가리키며 물었어요.

"저분이 정약용이에요?"

"아니! 정약용은 여기 안 계셔. 아버지가 돌아가신 후, 예를 다해 묘를 지키고 제사를 지내느라 이곳에 올 수 없는 거야."

"아! 화성은 정약용의 힘만으로 건설된 건 아니네요. 그런데 왜 위대한 인물로 꼽는 거예요?"

"정약용과 그 형제들은 모두 뛰어난 학자였어. 그럼에도 불구하고 우여곡절을 겪는 인생을 살았단다. 그 당시에 엄격하게 금했던 천주교를 믿어서 온갖 박해를 받게 돼. 훗날 오랜 시간 귀양 신세로 지내기도 하는데, 그런 시간에도 학문을 게을리하지 않았고, 위대한 저서들을 많이 남기게 되지."

일꾼들은 근처 팔달산에서 캔 돌들을 옮겨오고 있었고, 또

총애(寵愛)　龍 사랑할 총　愛 사랑 애
남달리 귀여워하고 사랑하는 것을 뜻해요.

다른 일꾼들은 거중기로 큰 돌을 위로 들어 올리고 있었어요.
그 모습을 바라보던 관리가 일꾼들에게 말했어요.

　"점심때가 되었으니 모두 쉬면서 하시게들."

　일꾼들은 삼삼오오 모여 음식을 펼쳤고, 맛있게 먹기 시작했
지요. 온달은 입가에 밥풀을 묻히며 허겁지겁 먹었어요. 설쌤
은 음식을 입에 대지 않은 채 짓고 있는 화성만 바라보았어요.
온달이 설쌤을 툭 쳤어요.

　"설쌤, 어서 좀 드세요. 이따 또 일하려면 먹어 둬야 해요."

　"난 이 훌륭한 화성을 곁에서 바라보는
것만으로도 배가 부르구나."

설쌤이 오래전 홀로 역사 여행을 떠났을 때 정약용을 만났던 이야기를 들려주었어요. 그때 설쌤은 정약용에게 이런 질문을 던졌다고 했어요.

"선생께서는 조선이 어떻게 바뀌어야 한다고 생각하시나요?"

정약용은 설쌤을 경계하는 눈빛으로 바라보더니 입을 열었지요.

"백성들이 편하게 사는 나라로 만들어야지요. 부자의 것을 덜어서 가난한 이들을 돌보게 하고, 힘들게 사는 이들을 나라가 돌보아 줘야 할 것이오. 가장 중요한 것은 농사일 것이오. 땅을 많이 가진 이는 배부르게 먹을 수 있고, 땅이 없는 이는 가난을 면치 못하니 땅을 공평하게 나누어 주는 것도 한 방법일 것이오."

"또 다른 방법은 없을까요?"

"나랏일을 하는 관리들의 역할과 태도도 중요하지요. 청렴하고 자신이 맡은 일에 책임을 다해야 할 것이오."

설쌤이 고개를 끄덕이며 뒤로 물러났어요.

"온달아, 잘 들었지? 부마가 되면 정약용의 말씀을 새겨듣고 실천해야 해."

"네, 당연하지요."

온달은 음식 먹는 데만 신경이 쏠려 있었어요.

"정약용은 그런 생각을 나중에 모두 저서로 남겨. 무려 500여 권의 책으로 남기지."

그때 저 멀리에서 요란한 소리가 들려왔어요.

"임금님께서 오시니 모두 예를 갖추어라!"

한양을 출발했던 정조가 멀리 화성까지 온 모양이었어요. 행차는 화려하면서도 장엄해 보였어요. 수많은 신하와 군졸들이 뒤를 따르고 있었고, 행렬은 점점 가까워져 왔어요. 행렬이 멈추고, 가마에서 정조가 내렸어요. 정조는 짓고 있는 화성을 바라보며 만족한 표정을 지었어요.

"이제 반쯤 되어가는 모양이군요. 이 화성이 완성되기를 손꼽아 기다리고 있소."

한 신하가 고개를 숙이며 말했어요.

"예상한 것보다 늦어져서 황송합니다! 전하께서 바라는 바를 이룰 수 있도록 하겠습니다."

정조는 화성을 둘러보며 신하들과 한참을 이야기 나누었어요. 온달은 그들이 무슨 말을 하는지 궁금했어요. 정조 가까이 근위병*들이 있었지만, 일하는 척하며 그 뒤를 따라갔지요. 설

근위병(近衛兵) | 近 가까울 근 衛 지킬 위 兵 군사 병
임금을 가까이에서 보호하고 지키던 군인이에요.

쌤이 온달에게 돌아오라고 손짓했지만, 소용없었어요. 온달이 눈을 찡긋거리며 정조와 신하들을 따라갔어요. 까불까불 따라가던 온달이 그만 돌부리에 걸려 넘어지던 순간이었어요.

"아야, 아야야!"

앞서가던 정조와 신하들이 그 소리에 뒤를 돌아보았고, 근위병들도 놀라서 온달을 바라보았어요. 그런데 넘어지던 온달의 소매에서 단검이 툭 떨어졌어요. 그걸 본 근위병이 외쳤어요.

"저놈을 잡아라! 임금님을 해치려고 칼을 품고 있었다!"

온달이 당황해서 단검을 들어서 흔들었어요.

"아니에요. 이건 해적선에서 주운 거예요!"

"무어라? 네가 해적이라는 것이냐?"

근위병들이 온달을 잡으려고 뛰어왔어요. 온달이 뒤돌아 달아났지요.

"설쌤! 설쌤! 큰일 났어요!"

설쌤이 평강과 함께 온달을 향해 달려왔어요.

"아이고, 화성을 둘러봤으니 이제 정약용을 만나러 가려 했는데 어쩔 수 없이 떠나야겠구나!"

근위병들이 온달의 뒤에 바짝 달려와서 낚아채려 할 때 설쌤이 온달의 손을 맞잡고 마법의 분필로 주문을 외웠어요.

조선 시대의 훌륭한 학자들

이황

천 원권 지폐에 있는 분이 퇴계 이황이에요. 이황은 1501년, 연산군 때 태어나 1570년 선조 3년에 숨을 거둘 때까지 조선 최고의 학자로서 성리학에 대한 자신만의 논리를 이루었어요. 성품과 품행이 훌륭할 뿐만 아니라 뛰어난 학문을 이루어 따르는 후대 학자들이 아주 많았어요. 이황은 **'주리론'을 주장했는데 이는 만물의 근본을 논할 때 '이'가 '기'보다 앞서거나, '이'가 '기'를 이끌어간다는 것이에요.** 이때 '이'는 이상적인 가치, '기'는 현실적인 환경을 뜻하는 셈이에요.

이이

오천 원권에는 대학자 율곡 이이가 있어요. 신사임당의 아들로 1536년에 태어나 1584년에 숨을 거두었어요. 이황보다는 훨씬 어렸지만, 두 사람은 서로 학문을 논하는 사이이기도 했어요. 이이는 이황의 생각과 달리 '주기론'을 주장했어요. 세상 만물이 돌아가는 것은 '기'에 의한 것이란 뜻이에요. **이이는 임진왜란이 일어나기 전 '십만양병설'을 주장하기도 했어요.** 임진왜란이 일어날 것을 예측했다기보다 조선이 굳건한 나라로 유지되기 위해서는 국방이 우선되어야 한다고 생각한 것이지요.

박지원

조선 후기의 실학자이자 문장가예요. 박지원은 청나라를 다녀온 후, 청나라의 실용적이면서 뛰어난 것들을 조선에서 구현해야 한다는 생각을 가졌어요. 다방면으로 뛰어나서 토지 문제와 경제 문제 등에 해박한 지식을 갖고 그 방법을 여러 서적으로 남겼지요. ≪열하일기≫, <양반전>, <허생전> 등을 통해 **양반들의 허위의식을 풍자했고,** 농업 중심 사회에서 상업과 공업 중심 사회로 변화되어야 한다고 주장했어요.

수원 화성의 비밀을 밝혀라!

수원 화성 혹은 화성은 경기도 수원시에 있는 길이 5.52km의 성곽이에요. 조선 시대 효성이 지극했던 정조가 뒤주 속에서 생을 마감한 아버지의 능을 수원 인근으로 옮기면서 쌓은 성이지요. 정조는 수원 화성을 지어 자신의 원대한 정치 이상을 실현하고자 했다고 해요. 화성은 1997년 유네스코 세계 문화유산으로 등록되었어요.

▲서북 공심돈

공심돈은 '속이 비어 있는 돈대(성곽과 떨어진 높은 곳에 세워 적을 감시하는 시설)'라는 뜻으로, 화성에만 있는 방어 시설이에요. 층마다 총구멍이 뚫려 있어 공격 기능까지 갖추었지요.

▲화홍문

수원천의 범람을 막고 방어 기능까지 갖춘 화성의 북쪽 수문이에요.

서북 공심돈

화홍문

팔달문

봉돈

▲팔달문

화성의 남쪽 문으로 성을 수비하기에 좋은 옹성(성문 밖에 원형이나 방형으로 쌓은 작은 성)을 갖추고 있어요.

▲봉돈

낮에는 연기, 밤에는 불빛을 통해 신호를 보낸 군사 신호 체계예요. 평소에는 남쪽 끝에 있는 화두 한 곳에만 햇불이나 연기를 올리다가 전쟁 시에는 다섯 곳 모두 햇불이나 연기를 올렸어요.

뭐야, 그런 거였어?

하하, 우리가 온달을 오해했었네.

그래! 날 어떻게 본 거야?

오, 그러니?

뭘 배웠는데?

그래도 이번 역사 여행을 통해 또 많은 걸 배웠어요.

수영 선수?

나도 진취적인 꿈을 가지기로 했어! 이제부터 내 꿈은 수영 선수야!

하지만 온달, 넌 물을 무서워하잖아?

문제없어요! 열심히 노력하면 되죠!

역시 내 신랑감!

괜찮을까…?

자, 그럼 발차기부터 연습해 볼게요.

천천히 물에 들어와 볼까요?

으, 수영 학원에 등록하긴 했는데….

응? 왜 안 들어오니?

그, 그게….

물이 무섭나보구나. 선생님이 잡아 줄 테니 걱정 말고 들어와 봐.

형아, 겁먹지 마!

하, 하나도 무섭지 않아요….

자 천천히 발부터….

으허엌!

살짝

수영장

으아아~!!! 도저히 못 하겠어요!

순 겁쟁이네.

따따딲

107

그래서 그냥 도망 나온 거야?

도망 나왔다니~ 그냥 더 큰 꿈이 생긴 것뿐이야.

무슨 꿈?

난 농부가 될 거야! 그래서 건강한 먹거리를 내 손으로 직접 키울 거야.

농부가 되려면 아침 일찍 일어나고 부지런해야 하는데, 괜찮겠니?

문제없어요! 지금부터 연습할 거라고요.

지금부터?

다음 날 아침

좋았어!

일찍 일어나는 거 아무것도 아니네!

따라 따라

3일 뒤

따 라 따 라

으으, 시끄러! 아무래도 농부는 내 길이 아닌 것 같아.

라 라

뭐? 가수…?

네, 끼가 많고 잘생긴 저한텐 가수가 딱인 것 같아요.

치 키 치 키 붐

너 이번이 몇 번째야! 그렇게 쉽게 포기하면 어떡해?

아, 이번엔 진짜라고~!

설쌤! 아무래도 온달이가 정신을 차릴 수 있게 해 줘야 될 것 같아요.

그런 것 같구나.

자, 온달아. 우리 또 역사 여행을 떠나 볼까?

역사 여행요? 좋아요!

이번엔 어디로 가요?

시련을 두려워하지 않은 의지의 인물들을 찾아!

먼저 고구려로 가 보자!

3 시련을 두려워하지 않은 큰 인물

선사·고조선 시대
약 70만 년 전~기원전 108년

약 70만 년 전
구석기 시대
시작됨

기원전 8000년경
신석기 시대
시작됨

기원전 2333년
단군왕검,
고조선 건국

기원전 108년
고조선 멸망

떼석기

빗살무늬
토기

팔만대장경

1392년
고려 멸망
이성계,
조선 건국

1251년
팔만대장경 완성

죽고자 하면
살고, 살고자 하면
죽을 것이다!

조선 시대
1392년~1897년

1443년
세종, 훈민정음 창제
(1446년, 반포)

1270년
무신 정권
무너짐

1231년
몽골 1차 침입
(~1259년, 6차례)

1592년
임진왜란
일어남

수원 화성

울릉도와
독도는 조선의
땅이오!

1636년
병자호란
일어남

1882년
임오군란 일어남

1884년
갑신정변 일어남

1796년
수원 화성
완공

1811년
홍경래의 난
일어남

1876년
강화도 조약
맺음

1894년
동학 농민 운동
일어남

1866년
제너럴셔먼호 사건,
병인양요 일어남

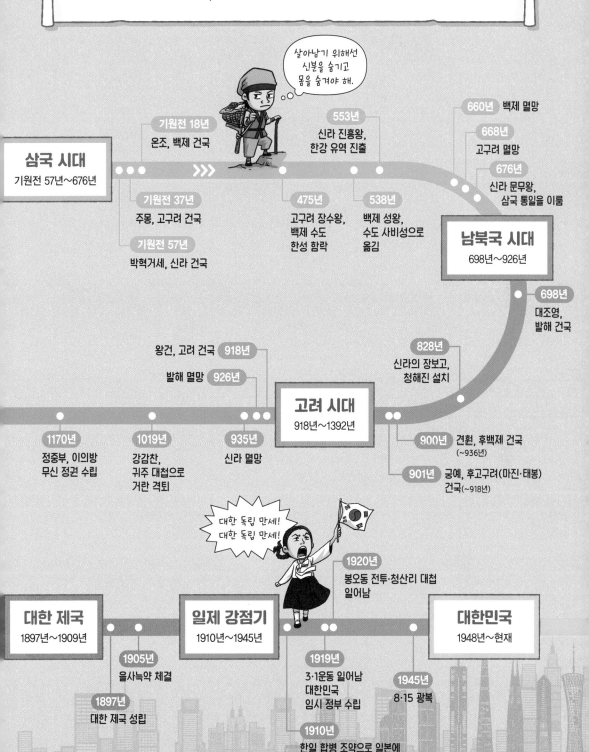

- 왕이 된 소금 장수, 을불
- 독도를 지킨 어부, 안용복
- 임진왜란을 승리로 이끈 이순신
- 삼일 운동을 이끈 유관순

살아남기 위해선 신분을 숨기고 몸을 숨겨야 해.

삼국 시대
기원전 57년~676년

기원전 18년
온조, 백제 건국

553년
신라 진흥왕,
한강 유역 진출

660년 백제 멸망

668년
고구려 멸망

676년
신라 문무왕,
삼국 통일을 이룸

기원전 37년
주몽, 고구려 건국

475년
고구려 장수왕,
백제 수도
한성 함락

538년
백제 성왕,
수도 사비성으로
옮김

기원전 57년
박혁거세, 신라 건국

남북국 시대
698년~926년

698년
대조영,
발해 건국

왕건, 고려 건국 918년

발해 멸망 926년

828년
신라의 장보고,
청해진 설치

고려 시대
918년~1392년

1170년
정중부, 이의방
무신 정권 수립

1019년
강감찬,
귀주 대첩으로
거란 격퇴

935년
신라 멸망

900년 견훤, 후백제 건국
(~936년)

901년 궁예, 후고구려(마진·태봉)
건국(~918년)

대한 독립 만세!
대한 독립 만세!

1920년
봉오동 전투·청산리 대첩
일어남

대한 제국
1897년~1909년

일제 강점기
1910년~1945년

대한민국
1948년~현재

1905년
을사늑약 체결

1919년
3·1운동 일어남
대한민국
임시 정부 수립

1945년
8·15 광복

1897년
대한 제국 성립

1910년
한일 합병 조약으로 일본에
나라를 빼앗김

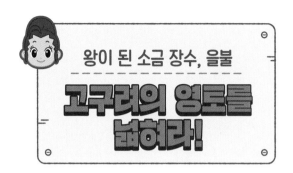

왕이 된 소금 장수, 을불

고구려의 영토를 넓혀라!

남루한 옷을 입고 나무를 하는 머슴이 있었어요. 마을의 부잣집에서 머슴살이를 하는 건 쉬운 일이 아니었어요. 집주인은 고약해서 낮이고, 밤이고 머슴을 부려 먹었지요.

"이놈, 땔감이 떨어져 가는 것이 보이지 않느냐? 어서 산으로 올라가지 못할까?"

머슴은 낮이면 산에서 땔감을 구해야 했어요. 집주인은 밤에도 머슴을 괴롭혔어요.

"집 옆 연못에서 개구리가 울어서 잠을 잘 수가 없다. 내가 잘 동안 개구리를 울지 못하게 해."

머슴은 밤새 잠을 잘 수 없었어요. 개구리가 울면 돌멩이를 연못에 던졌어요. 다시 개구리가 울면 돌멩이를 더 많이 던져야 했지요. 몸도 마음도 피곤한 날들이었어요.

이런 머슴을 보고 한 사람이 측은해하며 말했어요.

"을불! 머슴살이는 그만하고, 소금을 팔아 보지 않겠는가?"

"소금 장사? 그래, 뭐가 됐든 머슴살이보다야 낫겠지."

을불은 친구를 따라 소금을 팔러 다니기 시작했어요. 소금을 파는 일도 만만하진 않았어요. 서해의 염전에서 소금을 얻어 소금을 구하기 어려운 내륙으로까지 가서 팔아야 했지요. 을불은 소금을 받아다가 배를 타고 강을 거슬러 올라가 이 마을 저 마을을 다녔어요. 소금을 등에 지면 무척 무거웠지만, 머슴살이보다는 마음이 편했어요. 여러 곳을 다니다 보니 많은 사람들을 만날 수 있었고, 힘들게 살아가는 백성들의 처지를 이해하게 되었지요. 백성들은 나라님을 흉보고 있었어요.

"우리는 배를 쫄쫄 굶는데 나라님은 관심도 없다지 뭐야."

"맞아! 궁궐을 크게 만드는 일에만 몰두한데."

고구려의 봉상왕을 원망하는 소리였어요. 을불은 나랏일에 대해 들어도 끼어들지 않았어요.

'내 처지가 궁색하니 지금은 소금을 잘 파는 게 중요해.'

그러던 어느 날, 한 할머니가 소금을 조금 주면 자신의 집에서 하룻밤을 묵게 해 주겠다고 했어요.

"저야, 좋지요. 소금 여기 있습니다!"

을불이 잠을 청하고 있을 때 할머니의 마당에서 소란스러운 일이 벌어졌어요. 바로 설쌤과 온달, 평강이 이 집에 찾아온 것이었어요. 설쌤이 할머니를 불렀어요.

"할머니, 우리도 하룻밤 좀 재워 주세요."

할머니가 셋의 행색*을 쳐다보더니 물었어요.

"내게 뭐라도 줄 게 있어? 저 소금 장수는 소금을 준다기에 재워 준 거야."

온달이 봇짐을 뒤져서 주먹밥을 꺼냈어요.

소금 사세요, 소금이요!

"이건 어때요?"

주먹밥을 받아 든 할머니가 냄새를 맡더니 바닥에 던져 버렸어요.

"으이구, 시큼한 냄새! 상한 지 오래된 음식이잖아."

설쌤이 손에 쥐고 있던 붓을 내밀었어요.

"이걸 내다 팔면 값을 꽤 받을 수 있을 것이오. 저 방에 우리도 좀 재워 주시오."

그제야 할머니가 고개를 끄덕였어요. 방에는 잠을 청하려고

행색(行色)　行 다닐 행　色 빛 색
겉으로 드러나는 차림이나 태도를 말해요.

누워 있던 을불이 있었지요. 할머니는 을불을 깨워서 세 사람과 함께 방을 쓰라고 했어요. 설쌤과 온달, 평강이 들어가서 방문을 닫으려 할 때 할머니가 다시 을불에게 말했어요.

"이보게, 소금 장수! 생각해 보니 좀 전에 준 소금은 너무 적은 것 같아. 하룻밤 자려면 소금을 더 주게나."

을불은 콧방귀도 안 뀌었어요.

"안 됩니다. 이미 흥정을 끝냈지 않았습니까? 또 그 소금만으로도 충분히 값이 될 것입니다."

을불이 방문을 닫자, 밖에서 투덜대는 할머니의 목소리가 들렸어요.

"흥, 어디 두고 보자!"

불이 없는 방 안에 환한 달빛이 은은하게 비추고 있었어요. 이제 잠이 들 시간이었지요. 을불은 한마디도 하지 않은 채 눈을 감았어요. 그때 설쌤이 을불에게 말을 걸었어요.

"당신은 평범한 소금 장수가 아닌 것 같군요."

을불이 눈을 번쩍 뜨고 경계*하는 목소리로 대답했어요.

"그게 무슨 말인가요? 지금 내 꼴을 보세요. 행색이 딱 소금이나 팔러 다니는 꼴이잖아요."

"어두워서 자세히 보진 못했지만, 행색이 남루해도 눈빛이

경계(警戒) 　警 경계할 경　戒 경계할 계
뜻밖의 사고가 생기지 않도록 미리 조심하는 것을 말해요.

초롱하고, 당당한 태도가 보통 분이 아닌 것처럼 보입니다."

을불이 말을 돌리며 눈을 다시 감았어요.

"무슨 말인지 모르겠군요. 내일 또 소금을 팔러 다니려면 이제 잠을 좀 자야겠어요."

얼마 후, 을불이 코를 고는 소리가 들렸어요. 설쌤과 평강도 곧 잠이 들었지요. 온달만 잠을 뒤척이고 있었어요.

'아, 배고파! 할머니에게 준 주먹밥이라도 먹을 걸 그랬나!'

배고픔을 참고 잠을 청하려는데, 이번엔 소변이 마려웠어요.

'아, 귀찮아! 얼른 나가서 싸고 와야지.'

온달은 방에서 나왔어요. 그리고 밖으로 나가서 들판에서 소변을 보고 다시 돌아왔어요. 그때 방 밖에서 누군가 움직이는 것이 보였어요.

'앗, 저건 누구지?'

집주인 할머니였어요. 할머니는 이상한 행동을 하고 있었어요. 자신의 신발을 소금 자루에 집어 넣는 것이었어요. 온달은 할머니가 사라진 다음에야 다시 방으로 들어갔어요.

'참 이상한 할머니네. 생선을 소금에 절인다는 말은 들었어도 신발을 소금에 절인다는 말은 못 들었는데……'

어느새 온달도 스르륵 잠이 들었지요.

다음 날 아침 잠에서 깬 을불이 먼저 소금을 지고 길을 나서는 것이 보였어요. 설쌤이 온달과 평강을 깨워서 뒤를 몰래 따랐지요.

마을 사람들이 모여 있는 곳을 지나고 있을 때였어요. 갑자기 어디선가 큰 소리가 들렸어요.

"저기 있다! 내 신발을 훔친 도둑놈을 잡아라!"

집주인 할머니의 목소리였어요. 할머니는 을불을 가리키며 소리치고 있었어요. 을불이 영문을 몰라 그 자리에 멀뚱멀뚱 서 있을 때 할머니가 다가왔어요.

"이 도둑놈! 어서 내 신발을 내놔라!"

사람들이 웅성거리며 모여들었어요. 사람들은 소금 자루를 열어 보자고 했지요.

"전 신발을 훔치지 않았어요! 못 믿겠다면 보어 드리죠."

을불은 자신 있게 자루의 주둥이를 열고 안을 보여 주었어요. 그런데 할머니의 신발이 떡하니 그 안에 있는 게 아니겠어요. 사람들이 을불을 때리며 소리를 질렀어요.

"도둑놈이 맞네! 이놈을 고을 태수에게 데리고 가서 벌을 받게 합시다."

소동을 보고 있던 온달이 설쌤에게 말했어요.

"설쌤, 을불은 신발을 훔치지 않았어요. 어젯밤에 할머니가 신발을 자루에 넣는 걸 제가 봤어요."

평강이 온달에게 되물었어요.

"정말? 그렇다면 지금 사람들에게 말하자."

그때 설쌤이 둘을 말렸어요.

"우리는 그저 지켜보기만 해야 해."

을불은 결국 신발값으로 소금을 할머니에게 빼앗기고, 매를 맞는 벌을 받고서야 풀려났지요.

을불은 다 떨어진 옷을 입고 터벅터벅 걸었어요. 설쌤과 온달, 평강은 을불이 눈치채지 못하게 뒤따라갔지요. 을불이 어느 강가에서 배를 타려 할 때였어요. 화려한 의복을 입은 두 사

내가 다가오더니 갑자기 을불에게 절을 하는 것이었어요.

"을불 님! 드디어 찾았군요."

을불이 당황하며 손사래를 쳤어요.

"사람을 잘못 본 듯합니다. 난 소금 장수일 뿐이에요."

그들은 봉상왕의 폭정을 견디지 못해서 을불을 찾아 새로운 왕으로 모시려고 나선 국상 창조리가 보낸 조불과 숙우였어요. 조불과 숙우는 을불을 보고는 고개를 숙이며 말했어요.

"지금 임금은 백성의 마음을 잃은 지 오래입니다. 남루한 옷차림을 하고 있지만, 당당한 기품을 풍기는 을불 님이 분명하옵니다. 을불 님은 인자*하고 백성을 사랑하는 마음을 지녔으니 저희가 왕으로 모시려 합니다. 저희와 함께 가시지요."

을불이 두 사람을 물끄러미 보더니 마침내 고개를 끄덕였어요. 그들이 함께 사라지자, 온달이 놀란 얼굴로 물었어요.

"을불이 왕이 돼요?"

설쌤이 씨익 웃었어요.

"을불이 바로 고구려의 15대 왕인 미천왕이야. 몸을 피해 궁궐을 나왔다가 갖은 고생을 하며 지냈지. 하지만 그렇게 생활하면서도 꿋꿋이 때를 기다렸어. 미천왕은 고구려의 영토를 넓히고 백성을 사랑한 훌륭한 왕으로 평가받았단다."

| 인자(仁慈) | 仁 어질 인 慈 사랑할 자
어질고 남을 사랑하는 마음이에요. |

삼국유사에 나오는 신비로운 이야기

미천왕이 된 을불의 이야기처럼 《삼국유사》에는 우리 역사 속 인물들에 대한 신비로운 이야기들이 많이 담겨 있어요. 그 이야기들을 통해 새로운 교훈을 얻을 수 있지요.

통일 신라의 보물, 만파식적

문무왕이 삼국을 통일한 후 아들인 신문왕은 동해와 가까운 경주 땅에 사찰 감은사를 지었어요. 문무왕은 동해를 침범하는 왜구를 걱정해 절을 지어 부처의 힘으로 격퇴시키려 했으나, 이를 이루지 못하고 숨을 거두고 말아요. 이에 아들인 신문왕이 아버지의 뜻을 따라 감은사를 지었지요.

그런데 하루는 바다에 있는 섬이 감은사를 향해 다가오고 있다는 소식이 들렸어요. 섬은 떠내려

▲경주시에 있는 감은사 절터

면서 두 개로 갈라졌다가 하나로 합쳤다가 했지요. 신문왕이 섬으로 가 보니 용이 나타나 섬의 대나무로 피리를 만들면 나라를 지킬 수 있다고 했어요. 신문왕이 그 말을 따라 피리를 만드니 이를 '만파식적'이라고 불렀어요. 세상의 파란을 평안하게 하는 피리란 뜻이에요. 이후로 나라에 근심이 생길 때마다 만파식적을 불어 안정을 시켰다고 해요.

용에게 붙잡혀 갔다가 풀려난 수로 부인

신라 때 널리 부르던 노래를 향가라고 해요. 현재 가사가 전해져 내려오는 향가는 25수밖에 안 되는데 그중 '헌화가'는 수로 부인을 주인공으로 만들어진 노래예요. 수로 부인은 통일 신라 성덕왕 때 순정공의 부인으로 알려져 있는데 미모가 아주 뛰어났다고 해요.

순정공이 강릉 태수로 부임해서 함께 갈 때의 일이었어요. 바닷가를 지나고 있는데 한 노인이 나타났어요. 그 노인은 천 길이나 되는 벼랑 위로 올라가 바위에 핀 철쭉꽃을 꺾어 왔어요. 노인이 그 꽃을 수로 부인에게 바치며 노래를 불렀어요. 이 노래가 '헌화가'예요. 그 일이 있은 얼마 후, 또다시 바닷가를 거닐 때였어요. 큰 풍랑이 치더니 커다란 용이 갑자기 나타나서 수로 부인을 끌고 바닷속으로 들어가 버렸어요. 이때 한 노인이 백성을 모아 노래를 지어 부르면 수로 부인을 찾을 수 있을 것이라 했어요. 백성들이 모여 '해가'를 부르니 용이 수로 부인을 모시고 나와 돌려주었지요. 수로 부인이 참 힘들었겠지요?

용왕을 구한 거타지

통일 신라 진성 여왕 때 왕자인 김양정이 당에 사신으로 가게 되었어요. 여왕은 왕자를 보호하기 위해 활을 잘 쏘는 궁사 50명을 함께 따라가게 했지요. 그런데 왕자 일행이 서해를 항해하던 중에 큰 풍랑을 만나 곡도라는 섬에서 발이 묶이게 되었어요. 점을 쳐 보았더니 섬의 연못에서 제사를 지내야 풍랑이 잦아진다는 괘가 나왔지요. 이에 제사를 지내고 잠이 들었는데 왕자의 꿈에 한 노인이 나타나서 활 잘 쏘는 한 명을 남기고 섬을 떠나면 풍랑이 멈출 것이라고 했어요. 왕자는 나뭇조각 50개에 궁수들의 이름을 각각 적고, 물에 던졌어요. 물에 가라앉은 이름만 섬에 남기로 한 거예요. 결국 섬에 남게 된 이가 거타지였어요.

거타지는 홀로 남아 연못가에 있었는데 갑자기 한 노인이 나타나서 자신이 서해의 용왕인데 하늘에서 중 하나가 내려와 자손들의 간을 빼어 먹는다고 했어요. 노인은 거타지에게 중을 쏘아 죽여 달라 부탁했지요. 노인의 말은 맞았어요. 거타지는 하늘에서 내려온 중을 보고 활을 쏘았고, 화살에 맞은 중은 죽어서 늙은 여우로 변했어요. 노인은 고마워하며 자신의 딸을 꽃으로 변하게 해서 거타지에게 주었고, 거타지는 당을 거쳐 신라로 돌아간 뒤 품에서 꽃을 꺼내었어요. 꽃은 여자로 변했고, 둘은 함께 살았다고 해요.

역신을 물리친 처용

통일 신라 헌강왕 때 왕이 개운포(지금의 울산 외황강 하구 지역)로 유람을 나갔어요. 그런데 갑자기 안개가 몰려와 앞을 분간할 수 없을 정도가 되었어요. 이에 한 신하가 이 안개는 동해의 용이 일으킨 것이니 용을 위해 좋은 일을 해야 사라질 거라고 아뢰었지요. 이에 용을 위하여 절을 지으니 구름과 안개가 사라졌고, 그

▲처용무를 추는 모습

후로 그곳을 개운포라고 불렀어요. 이 일이 있은 뒤 동해의 용이 기뻐하며 일곱 아들을 데리고 나타나 왕 앞에서 춤추고 노래를 불렀어요. 동해 용은 아들 중 하나를 왕에게 보내어 왕의 일을 거들게 했지요. 이 아들이 바로 처용이었어요.

왕은 처용에게 아름다운 아내를 맞게 하고, 관직도 내렸어요. 그러던 어느 날 역신(전염병을 퍼뜨리는 신)이 처용의 아내를 흠모하여 처용 몰래 집을 찾아왔어요. 처용은 화를 내지 않고, 오히려 덩실덩실 춤을 추며 노래를 불렀지요. 이에 역신이 감동해서 앞으로는 처용이 있는 곳에는 절대 나타나지 않겠다고 했어요. 이런 이야기가 전해져 사람들은 처용의 모습을 그린 것을 붙여서 나쁜 것을 예방하는 풍습이 생겼답니다.

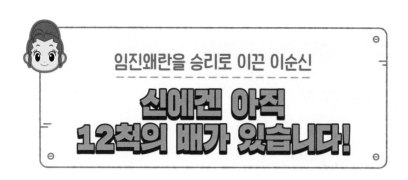

"모두 배에 오르라!"

병사들이 앞다투어 배에 올랐어요. 설쌤과 온달, 평강도 병사들로 위장해 배에 올랐지요. 온달의 얼굴이 벌겋게 달아올라 있었어요.

"설쌤, 이순신 장군을 실제로 보는 것은 좋지만, 너무 위험한 것 아니에요?"

설쌤이 온달을 안심시켰어요.

"이번에 벌어지는 해전을 훗날 사람들은 명량 해전이라 불러. 조선 수군은 13척의 배로 일본의 300여 척의 배를 상대하지."

"으아, 그걸 어떻게 이겨요!"

"걱정하지 마. 이순신 장군이 우릴 지켜 주고, 승리로 이끌 거야."

1597년 음력 9월 16일이었어요. 임진왜란이 발발했을 때 조선은 성난 파도처럼 밀려오는 일본군에게 번번이 패배했어요. 1592년 음력 4월 13일, 일본의 도요토미 히데요시의 명령을 받은 일본군은 고니시 유키나가의 제1군을 선두로 부산을 침공했고, 정발이 지키던 부산진성과 송상현이 지키던 동래성이 일거에 함락되었어요.

일본군은 20여 일 만에 한양까지 점령하였지요. 선조는 신하들과 몸을 피해 의주까지 피신하는 신세가 되었어요. 그 후, 이순신 장군이 한산 대첩으로 전쟁의 양상을 바꾸고, 의병들이 일어나 일본군이 경상도 지역으로 물러난 후, 전쟁은 소강* 상태에 이르렀다가, 다시 정유재란을 일으킨 일본군이 많은 군사를 이끌고 전쟁을 시작했지요. 이때 이순신 장군이 다시 최전선으로 나가 활약을 펼친 해전이 명량 대첩이에요.

이순신 장군이 탄 대장선을 비롯한 13척의 배가 큰 바다로 나아가고 있을 때 셋은 노를 젓고 있었어요. 설쌤이 노를 저으며 계속 이야기해 주었어요.

"패전에 패전을 거듭하던 조선군은 전열을 가다듬었어. 선조의 아들인 광해군은 의주로 따라가지 않고 남아 의병을 모으는 등 애를 쓰고 있었지. 그때 승전보가 들려오기 시작했어."

소강(小康)	小 작을 소 康 편안할 강
	소란이나 분란, 혼란 따위가 그치고 조금 잠잠해지는 거예요.

"이순신 장군이었군요."

"맞아. 일본군은 남해를 거쳐 전라도 지역으로도 넘어가려 했었어. 전라도 지역은 곡창 지대여서 군량미로 쓸 식량을 얻기 좋았거든. 그런데 이순신 장군이 그 바다를 지키고 있었던 거지."

평강이 온달에게 아는 척을 했어요.

"이순신 장군은 진 적이 없어. 사천 해전, 당포 해전에서 모두 이기고, 한산도 대첩에서는 학익진을 펼쳐서 일본 수군의 배 47척을 격파하고, 12척을 나포*했다고 해."

온달이 대장선에 우뚝 서 있는 이순신 장군을 쳐다보았어요.

"정말 늠름하고 멋진 분이네. 그런데 왜 지금은 배가 13척밖에 안 남은 거야?"

평강이 우물쭈물하자, 설쌤이 대신 대답해 주었어요.

"이순신 장군은 조선 수군의 총지휘자인 삼도 수군통제사가 되었지만, 이를 시기해서 모함하는 이들이 있었어. 그들은 이순신이 싸움에 소극적이라고 비방했고, 결국 이순신 장군은 삼도 수군통제사에서 물러나 압송당하는 처지가 됐어."

"그럼 조선의 수군은 누가 지휘했어요?"

"평소에 이순신 장군과 사이가 좋지 않았던 원균이 맡았어.

나포(拿捕) 　拿 잡을 **나** 　捕 사로잡을 **포**
사람이나 배, 비행기 등을 사로잡는 거예요.

원균은 조선 함대를 이끌고 일본 수군과 칠천량 해전을 치렀지만, 대부분의 배를 잃고 크게 지고 말아. 그 일이 있은 지 한 달 보름 남짓 지났구나. 조선 조정은 다시 이순신에게 삼도 수군통제사를 맡기고, 일본군을 상대하게 했지."

"아, 그래서 배가 13척밖에 없는 거구나."

"맞아! 그런데 이순신 장군은 명량 대첩이 일어나기 전에 선조에게 '신에겐 아직 12척의 배가 있다'고 했는데, 전투 직전 한 척이 합류해 13척이 된 거야."

선조는 칠천량 해전으로 조선 수군에게 배 12척만 남자, 조선 수군을 폐지하려고 했어요. 이때 이순신 장군이 징계를 올려 수군을 폐지하는 것을 막았다고 해요. 그때 올린 징계에는 이런 글이 적혀 있었어요.

'신에게는 아직도 전선 12척이 남아 있나이다. 죽을힘을 다하여 싸운다면 능히 대적할 수 있사옵니다. 비록 전선의 수는 적지만 신이 죽지 않은 한 적은 감히 우리를 업신여기지 못할 것입니다.'

설쌤이 온달과 평강에게 전날 밤 이순신 장군이 병사들을 불러 모아 한 말을 들려주었어요.

"이순신 장군은 반드시 죽고자 하면 살고, 살고자 하면 죽는

다고 하며, 한 사람이 길목을 지키면 천 명을 두렵게 할 수 있다고 했어. 저기를 봐! 오늘의 해전과 참 어울리는 말이지.”

설쌤이 가리키는 곳은 울돌목이란 곳이었어요. 울돌목 바다는 주위에 육지와 섬이 있는 좁은 해협이어서 수심이 얕은 곳이었어요. 그쪽으로 밀려든 바닷물은 속도가 아주 빨랐고, 아래엔 암초도 많았지요.

“이순신 장군은 바다의 지형을 이용해 싸우는 데 탁월한 지휘관이었어. 이제부터 잘 보렴.”

13척의 배가 멈춘 곳 앞쪽으로 일본 수군의 배가 바다를 빽빽하게 채우고 있었어요. 겁을 먹은 조선 수군의 배들은 쉽게 진격하지 못했어요. 하지만 이순신 장군이 탄 배는 적을 향해 돌격하며 부하들을 독려*했어요.

“내 말을 벌써 잊었느냐! 두려워하지 마라! 적들을 반드시 격멸해야 한다!”

다가오던 적의 배들이 멈추고 있을 때 이순신 장군이 깃발로 신호를 보내어 다시 명령을 내렸어요.

“중군장 미조항 첨사 김응함과 거제현령 안위의 배가 진격하도록 하라!”

두 사람의 배가 적진을 향해 공격을 시작하자 일본 수군이

독려(督勵)　　督 살필 독　勵 힘쓸 려
감독하며 격려하는 거예요.

이 배들을 에워싸고 대응하기 시작했어요. 이때 이순신 장군이 다른 배들에 대포와 화살을 쏘도록 명령했어요. 그 바람에 앞서 오던 적의 배 몇 척이 부서지며 배에 탄 적들이 바다에 빠졌지요.

죽고자 하면 살고, 살고자 하면 죽을 것이다!

온달과 평강은 쉴 새 없이 벌어지는 전투에 정신이 없었어요. 화살을 날라 주고, 노를 저으며 함께 하고 있었지요. 그때 누군가 이순신 장군에게 외쳤어요.

"장군님! 저기 바다에 빠진 붉은 비단옷을 입은 자가 적의 대장이옵니다!"

이순신 장군이 물 긷는 병사 김돌손을 시켜 적장을 배로 끌어 올리도록 명령했어요. 김돌손이 갈고랑쇠로 적장을 끌어 올렸고, 이순신 장군은 바로 목을 베게 했지요.

"이 자의 목을 베어, 적들에게 알려라!"

그 모습을 본 일본 수군은 사기가 떨어진 것 같았어요. 이순신 장군의 이름만 들어도 벌벌 떨었는데 또다시 자신들의 우두머리가 이순신에게 목을 베인 것이니까요. 그때 조류의 방향도 바뀌었어요. 일본 수군에게 역류가 흘러 배를 제대로 움직이기 쉽지 않아졌지요. 좁은 해협으로 끌려든 일본 수군의 배는 우왕좌왕했어요. 이순신 장군이 다시 명령을 내렸어요.

"조선 수군은 적의 배에 부딪쳐 깨뜨리도록 하라!"

조선의 배는 일본의 배보다 훨씬 튼튼하고 컸어요. 일본 수군들은 역류에 휘말린 데다 배의 숫자가 많아 자신끼리 부딪히고, 부수어졌지요.

일본군은 달아나기도 힘들었어요. 날아오는 화살에 맞고, 흔들리는 배에서 떨어졌어요. 유속이 다시 느려질 때가 되어서야

일본의 남은 배들은 뱃머리를 돌려 달아났어요.

"우리가 이겼다!"

조선의 수군 13척은 한 척도 격침*되지 않았어요. 13척 모두 온전히 돌아올 수 있었지요. 배에서 내린 수군들이 지친 몸을 쉬러 군영으로 들어갔어요. 설쌤과 온달, 평강도 그들과 함께 배에서 내려 군영으로 들어갔지요. 식사를 마치고 모두 잠이 들었을 때 설쌤이 온달과 평강을 다시 깨웠어요. 그러고는 둘을 데리고 어딘가로 갔어요.

설쌤은 이순신 장군이 머무는 곳으로 다가갔어요. 방 안의 이순신 장군은 아직도 잠들지 않고 있었어요. 몰래 다가간 설쌤이 온달과 평강에게 손짓했어요. 온달이 문틈으로 몰래 안을 엿보았어요.

"안 주무시고 뭐 하시는 걸까요?"

이순신 장군은 꼿꼿이 앉아 일기를 쓰고 있었어요. 무슨 내용일지는 알 수 없었어요. 설쌤이 둘의 손을 잡고 그곳에서 나왔어요.

"훗날 난중일기라고 불린 이순신 장군의 일기란다. 이순신 장군은 자신과 시대에 대해 기록하며 늘 자신을 돌아보았던 거지. 이제 가자꾸나."

격침(擊沈)	擊 부딪칠 격 沈 잠길 침
	적군의 배를 공격하여 가라앉히는 거예요.

이순신과 함께 활약한 또 다른 영웅들

광해군

임진왜란 때 세자에 책봉된 후, 분조를 이끌었어요. 분조란 조정을 둘로 나눈다는 뜻으로, 광해군은 의주로 피신한 선조를 대신해 전장에 남아 의병을 조직하고 어지러운 민심을 달래며 전쟁을 지휘했어요. 자신을 쫓는 일본군의 추격을 따돌리며 교란 작전을 벌였고, 전투에서 활약한 의병장과 장수들에게 상을 내리고 관직에 임명하기도 했지요.

권율

1593년 3월 14일, 지금의 경기도 고양시에 해당하는 행주산성으로 일본의 대군이 공격해 왔어요. 한양을 점령하고 있던 일본군이 7차례에 걸쳐 공격했으나, 권율은 관군과 의병, 백성들을 지휘해 적 10,000여 명을 죽이거나 다치게 하며 방어에 성공했지요. 이 싸움을 행주 대첩이라고 하며 일본군은 2달 뒤쯤 한양에서도 물러나게 돼요.

곽재우

경남 의령에서 의병들을 모아 진주성 전투 등에서 크게 활약했어요. 붉은 비단으로 된 갑옷에 백마를 타고 전장을 누벼서 홍의 장군이라 불리었는데, 홍의 장군이 나타났다고 하면 일본군이 두려워할 정도로 용맹했다고 해요. 정유재란 때는 경상 좌도 방어사로 임명되어 화왕산성 전투를 승리로 이끌었고, 일본군의 북상을 저지했지요.

나대용

조선 최고의 선박 기술자라고 할 수 있어요. 무관으로 1591년에 전라 좌수사 이순신 휘하에 들어가 병선 연구에 힘을 썼고, 임진왜란이 벌어지기 직전 거북선을 완성했어요. 거북선은 사천 해전, 당포 해전, 한산 대첩 등에서 크게 활약했지요. 조선 수군의 주요 함선인 판옥선의 단점을 개선하는 데도 애썼고, 여러 해전에서 큰 공을 세웠어요.

거북선의 비밀을 밝혀라!

돛줄 지지대
거북선 돛줄의 경우 방패연과 같이 여러 줄을 사용했기 때문에 이들을 한꺼번에 고정하는 시설이 필요했어요.

식수 · 방화수
나무배의 특성을 고려한 화재 대비 및 식수용 물통이에요.

지휘실
'장대'라고도 불려요. 거북선의 선장(장군)이 머물며 작전을 지시하는 공간이에요.

총통 점화 화로
총통의 심지에 불을 쉽게 붙일 수 있도록 화포 주변에 설치했어요.

용머리
임진왜란 당시 용머리 입에서 화포를 발사했다는 기록이 있는 것으로 볼 때 용머리가 갑판과 수평이었을 것으로 추정돼요.

노
우리 고유의 노를 이용하여 배를 앞뒤로 움직이거나 제자리에서 회전할 수도 있어요.

돛 지지대
돛 지지 기둥과 더불어 돛대를 고정하는 장치예요.

화포
움직이는 배 위에서도 사방을 향해 설치된 화포를 이용해 적군을 향해 사격이 가능했어요.

💬 임진왜란에 연을 사용했다고요?

전쟁에서 신속하게 명령을 전달하는 건 무척이나 중요해요. 효율적인 신호 체계가 전쟁의 승패를 가르기도 하지요. 임진왜란 때 조선군은 육지에서는 징과 나팔, 깃발 등을 신호 체계로 사용하였고 바다에서는 깃발과 함께 여러 가지 문양이 그려진 연을 사용하였어요. 이러한 연을 가리켜 '신호연'이라고 해요.

기바리눈쟁이연(주간)
맞붙어 싸우라는 명령

중모리눈쟁이연(주간)
사방 공격 명령

청홍외당가리연
남·동쪽 동시 공격 명령

돌쪽바지기눈쟁이연
군수품 조달 명령

용연
우천 경보

치마고리연
태풍 시 군선의 머리는 남쪽에 두고, 줄을 짧게 매라는 명령

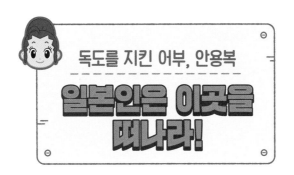

독도를 지킨 어부, 안용복

일본인은 이곳을 떠나라!

"여기는 어디예요?"

"조선 시대 같은데……."

온달과 평강이 담벼락 아래에서 주위를 둘러보았어요. 그때 안쪽에서 커다란 비명이 들렸어요.

"으아악! 제가 일본으로 간 것은 오로지 나라를 위한 것이었습니다!"

설쌤이 귀를 막으며 안을 가리켰어요.

"여기는 비변사라는 관청이야. 지금 안에서 안용복이 국문을 받고 있지."

온달이 고개를 갸웃거렸어요.

"안용복? 처음 들어 보는 이름이에요."

설쌤이 비변사의 대문 쪽으로 다가갔어요.

"지금부터 어떤 인물인지 알아보면 되지!"

그런데 대문 앞에는 병사들이 지키고 있었어요. 설쌤은 주위를 둘러보다가 담 옆의 나무에 올라갔어요.

"너희들도 저 나무 위로 올라가서 구경하렴."

온달과 평강도 각각 담벼락 밖의 나무 위로 올라갔어요. 안에는 턱수염이 덥수룩한 작은 사내가 포승줄에 묶인 채 앉아 있었고, 그 주위에는 창을 든 병사들이 서 있었어요. 그 앞의 한 관리가 사내를 향해 물었지요.

"네가 처음 일본으로 간 것은 언제였더냐?"

"1693년 3월이옵니다!"

안용복은 일본을 건너가게 된 사연을 줄줄 이야기했어요. 안용복은 부산 동래에 사는 사람이었어요. 신분이 낮아 배를 타고 나가 물고기를 잡거나, 허드렛일하며 살았지만 대범하고 활달해서 무슨 일을 맡아도 척척 해내곤 했어요. 동래는 일본과 교류가 활발하게 이루어지고, 일본인들이 오가는 곳이어서 일본 말도 할 줄 알게 되었다고 했어요.

"제가 처음 일본으로 갔던 것은 붙잡혀서 갔던 거랍니다."

안용복은 여러 어부들과 울릉도 앞바다로 조업을 나갔다가 그곳에서 일본 어부들과 실랑이를 벌이게 되었다고 했어요. 조선은 그 당시 섬에 사는 이들을 내륙으로 옮겨 살게 하는 '공도 정책'을 펼쳐서 울릉도에는 아무도 살고 있지 않을 때였지요. 그러자 일본 어부들이 울릉도 앞바다에까지 와서 물고기를 잡으며 울릉도와 독도를 자기네 땅이라고 우기기도 했어요. 이에 화가 난 안용복이 일본 어부들과 싸우게 된 것이지요. 하지만 수가 부족했던 조선 어부는 이 싸움에서 밀리게 되었고, 안용복은 박어둔과 함께 일본으로 끌려가게 됐어요.

"허허, 제가 일본 말을 좀 할 줄 알아서 다행이었어요. 일본 땅에서 50여 일간 잡혀 있다가 풀려나 9개월 만에 우리 땅에 돌아왔습지요."

안용복은 일본에 잡혀가서 문초[*]를 당했어요. 일본의 태수는 안용복이 울릉도와 독도에 접근한 것을 나무랐지요.

"제가 말입니다요. 울릉도와 독도는 일본 땅이 아니라 조선의 땅이다! 아주 못을 박아 버렸지요."

안용복은 일본의 태수가 꼼짝 못 할 정도로 논리적으로 반박했고, 이에 일본 태수는 이런 안용복의 논리를 적어서 일본을 다스리는 막부에 보고했어요. 두 달 뒤 일본 막부에서 안용복을 조선에 돌려보내라는 회신이 왔는데 그 회신에 '울릉도는 일본의 영토가 아니다.'라는 내용이 확실히 적혀 있었어요. 일개

문초(問招) 問 물을 **문** 招 부를 **초**
죄나 잘못을 따져 묻거나 심문하는 거예요.

어부에 불과했던 안용복이 일본 막부로부터 영토에 관한 확실한 답변을 받아 냈던 거예요. 안용복이 이런 사정을 줄줄 말한 뒤 관리를 쏘아보았어요.

"9개월 만에 우리 땅에 돌아왔는데 그때도 문초를 당했었지요. 40일 정도 갇혀 있다가 허락 없이 국경을 넘어갔다고 곤장을 100대나 맞았었죠. 부사 영감, 너무합니다요!"

나무 위에 매달려 있던 온달이 설쌤에게 물었어요.

"저 안용복이란 사람은 이번엔 왜 또 붙잡혀 온 거예요?"

"성미*가 급하구나. 계속 지켜보렴."

관리가 안용복에게 또다시 질문을 이어갔어요.

"그럼 이번엔 왜 또 일본으로 허락 없이 간 것이냐?"

"어휴, 괘씸해서 그렇지요. 제가 분명히 울릉도와 독도가 우리 땅이라고 못 박았는데 이놈들이 또 기길 들락거린다는 거 아닙니까!"

일본에서는 울릉도와 독도를 조선의 영토라고 인정하고 일본의 어부들에게 그곳에서 조업을 하지 못하게 했어요. 하지만 일본 어부들은 여전히 울릉도 근처에서 물고기를 잡았어요.

"전 도저히 참을 수가 없었어요! 이게 나랏일이지만 나라가 나서지 않으니 저라도 나서야지요."

성미(性味)	性 성품 성 味 맛 미
	성질이나 마음씨, 버릇 등을 통틀어 이르는 말이에요.

안용복은 놀라운 계획을 세웠어요. 조선의 관리처럼 위장하기로 한 거예요. 울릉도와 독도가 강원도에 소속된 지도인 '조선 팔도지도'를 챙기고, 자신이 입을 철릭과 검은 갓, 가죽신 등을 준비했어요. 그러고는 1696년 3월에 조선의 어부들을 32척이나 되는 배에 싣고 울릉도로 향했어요.

안용복이 우려했던 대로 울릉도 바다에선 일본 어부들이 물고기를 잡고 있었어요.

"제가 일본 어부들을 혼쭐내 줬어요. 이놈들! 어디 조선 땅에 허락 없이 넘어왔느냐! 어서 돌아가지 못할까! 어휴, 목청이 떠나가도록 소리를 질렀어요. 하하하, 이번엔 우리 배가 훨씬 많으니 겁을 먹었는지 줄행랑을 놓더군요."

안용복은 여기서 그치지 않았다고 했어요. 내친 김에 일본의 호키 주까지 간 거예요. 배에는 가짜 깃발을 내걸었어요. '울릉우산양도감세관'이라는 깃발을 걸어 마치 조선의 관군이 탄 배처럼 위장했어요. 자신은 미리 마련했던 관복을 꺼내 입었어요. 그러고는 일본의 관리를 만나 울릉도로 오는 어부들을 관리하지 못한 대마도주의 죄상을 고발하는 문서를 써서 건네주고 그것을 다시 일본 정부에 전달하도록 부탁했어요.

"하하하, 거기까진 일이 일사천리로 풀렸지요. 모두 깜빡 속

더라고요. 그런데 일이 틀어지려니 결국 탄로가 났습지요."

안용복과 일행은 1696년 8월에 조선으로 송환되었어요. 그런 뒤 강원도 양양에 도착해 현감에 구금되었지만, 며칠 뒤 탈출해 버렸지요. 그곳에서 자신이 살던 동래까지 갔다가 9월 12일에 체포되어 다시 한양으로 이송되어 비변사의 처벌을 기다리게 된 거예요.

안용복이 자신을 문초하는 관리에게 물었어요.

"대감! 저는 일본으로부터 우리 땅을 지키려 한 것뿐입니다. 그런 제게 상을 주지는 못할망정 벌을 내린다면 너무하다고 생각되지 않습니까?"

관리는 잠자코 안용복의 말을 듣다가 한마디 했지요.

"그렇긴 하다만 조선의 관리라고 속이고, 허락 없이 국경을 넘어간 죄를 벗어나긴 힘들 것이다."

안용복이 그제야 두 눈에서 눈물을 찔끔 흘렸어요.

"아무려면 어떻소! 내 나라를 지키려고 한 행동은 제가 좋아서 한 것이고, 벌을 내린다면 달게 받겠습니다."

그 모습을 지켜보던 평강이 설쌤에게 말했어요.

"안용복 아저씨가 너무 불쌍해요. 울릉도와 독도를 지키려고 애쓴 사람에게 벌을 내린다면 공정*하지 못한 것 같아요."

옆의 나무에 매달려 있던 온달도 한마디 거들었어요.

"설쌤, 우리가 탈출하도록 도와주면 안 돼요?"

온달이 두 팔을 들고 설쌤을 흔들며 졸랐어요.

"아이참, 한 번만요! 한 번만!"

온달은 자신이 나무에 겨우 매달려 있다는 사실도 잊은 채 두 손을 놓았다가 그만 나무에서 쿵! 떨어지고 말았어요.

"어이쿠, 아야!"

그 소리에 비변사 안에 있던 관리가 병사들에게 소리쳤어요.

"밖에 수상한 놈들이 있다. 안용복을 구하려고 온 이들일 수 있으니 어서 나가서 살펴보아라!"

공정(公正) | 公 공평할 공 正 바를 정
공평하고 올바르단 뜻이에요.

병사들이 우르르 달려 나오는 것이 보였어요. 설쌤과 평강이 얼른 나무에서 내려와서 온달을 일으켜 세웠어요.

"안용복의 말을 좀 더 들어 보고 싶었는데 안 되겠구나. 어서 달아나자."

셋은 부리나케 달려 멀리 민가들이 있는 곳까지 내려갔어요. 쫓아오던 병사들이 더 이상 쫓지 않고 돌아가는 모습이 보였지요. 온달이 거친 숨을 몰아쉬며 물었어요.

"헉헉, 설쌤! 안용복 아저씨는 어떻게 돼요?"

"조선의 신하들도 안용복의 처분에 대해 의견이 갈렸어. 하마터면 사형에 처할 뻔했단다. 하지만 울릉도와 독도에 대한 영유권을 주장하는 것은 국가의 일을 대신한 것이라고 해서 유배하는 것으로 감형해 주었지. 그리고 그때 안용복이 일본 정부로부터 받아 낸 답변은 울릉도와 독도가 우리 땅이라는 것을 명확하게 해 주는 근거가 된단다."

나는 그저 일본으로부터 우리 땅을 지키려 한 것뿐입니다!

온달은 안용복 아저씨로부터 큰 감명을 받은 것 같았어요.

"저도 나라를 위해 대담하게 행동하는 부마가 되겠어요."

독도를 지킨 또 다른 영웅들

이사부

이사부는 신라 왕족의 후손으로 지증왕에서 진흥왕 시기에 신라의 영토를 확장하는 데 큰 공을 세운 장군이었어요. 지증왕 13년, 512년에는 신라가 지금의 강원도 강릉 땅을 다스리고 있었어요. 바다 건너 동해에는 울릉도와 독도를 묶은 우산국이 있었어요. 그때만 해도 우산국은 신라의 영토는 아니었어요. 우산국 사람들이 신라의 말을 따르지 않자, 이사부는 우산국 정벌에 나섰어요. 그때 이사부는 나무를 깎아 사자를 만들게 했어요. 그 사자 모형을 배에 싣고 우산국 해안가로 다가가 외쳤지요. "항복하지 않으면 이 사나운 짐승을 풀어놓을 것이다!" 우산국 사람들은 두려워서 항복했고, 우산국은 신라의 영토가 되었지요.

말풍선: 여기는 이제부터 신라의 땅이다. 어서 항복하라!

독도의용수비대

우리나라에서 6·25전쟁이 한창이던 1952년에 일본이 몇 차례에 걸쳐 독도에 무단으로 상륙하는 일이 벌어졌어요. 이를 보다 못한 울릉도 출신 홍순칠과 울릉도에 살던 청년들은 1953년 4월 20일에 독도의용수비대를 만들었어요. 홍순칠은 자신의 재산을 털어서 무기 등을 마련하고, 독도에 접근하는 일본 해안 경비대에 맞섰어요. 1954년까지 총 7차례에 걸쳐 전투가 벌어졌지요. 1956년 경찰에 이 일을 넘길 때까지 독도를 지키던 영웅 33인을 독도의용수비대라고 해요.

독도경비대

1956년 4월 8일 독도의용수비대로부터 독도를 지키는 업무를 넘겨받은 경찰들이에요. 독도를 군인이 아닌 경찰이 지키는 것은 이유가 있어요. 독도는 엄연히 우리 영토인데 군인이 주둔하면 이곳이 분쟁 지역이라는 논란이 일어날 수 있기 때문이에요. 우리 영토에서 치안을 유지하기 위해 경찰이 있는 셈이지요. 하지만 독도경비대는 소총과 수류탄, 유탄 발사기 등으로 중무장하고 있어요. 해안 경비와 독도 인근에 접근하는 일본과 러시아 등의 순시선을 탐지하고 막기 위해서예요. 또 독도에 가는 관광객들을 보호하는 임무도 맡고 있답니다.

독도에 대해 알아야 할 모든 것

나이 460만 세
(울릉도와 제주도보다 더
빨리 만들어진 화산섬)

서도

독도경비대

독도 선착장

동도

바다 밑바닥부터의 높이
약 2,300미터

어류 180여 종

동해안 죽변으로부터는
216.8km 떨어져 있고,
울릉도로부터는 87.4km
떨어져 있음

💬 독도를 지켜야 하는 이유

- 우리나라 동쪽 끝이 독도예요. 하늘 위 우리 땅을 영공, 우리 바다를
  영해라고 하는데 독도까지가 영토여서 우리 영해와 영공도 더 넓어져요.
- 독도 주변의 바다에는 다양한 해양 생물이 살고 있어요. 많은 수산물을
  얻을 수 있는 곳이며, 해양 자원을 관찰하기 좋은 곳이지요.
- 석유와 천연가스 등 자원이 발굴될 가능성이 많은 곳이기도 해요.

삼일 운동을 이끈 유관순

세상에 울려 퍼진 대한 독립 만세!

설쌤은 평강과 온달을 데리고 지하철역으로 갔어요. 평강이 지하철을 타며 물었어요.

"이번엔 어디로 가는 거예요?"

"서대문 형무소로 간단다. 그곳에 가서 만날 인물이 있지."

서대문 형무소에 도착했을 땐 깜깜한 밤이었어요. 서대문 형무소는 일제 강점기에 독립운동가들을 붙잡아 놓은 곳이었지만, 지금은 그때를 기억하기 위해 관람객들에게 전시 공간으로 이용되고 있는 곳이지요. 평강이 설쌤에게 물었어요.

"지금은 문을 닫았는데 어떻게 들어가요?"

설쌤이 마법의 분필을 들고 벽에 네모난 문을 그렸어요.

"자, 여기로 들어가자."

설쌤이 먼저 들어갔고, 온달과 평강까지 벽을 통과해 들어가자, 설쌤이 주머니에서 칠판지우개를 꺼내어 분필 자국을 지웠어요. 세 사람은 여러 옥사 가운데 한 군데로 갔어요. 그곳에서도 마법의 분필을 이용해 안으로 들어갔지요. 온달이 설쌤에게 바싹 붙은 채 겨우 걸어갔어요.

"여긴 너무 음산해요. 귀신이라도 나올 것 같아요."

"수많은 독립운동가들이 이곳에서 목숨을 잃었어. 그들의 한 맺힌 마음이 남아 있어서 그렇게 느껴지는 걸 거야."

설쌤이 어느 방 앞에 멈추어서 문을 열었어요. 아주 작은 형무소의 방이었어요.

"이 작은 방에 수십 명을 가두어 놓았었단다. 누워서 잠들 수 없을 정도로 좁은 곳에서 언제 나갈지도 모르는 날들을 견뎌야 했지. 바로 이 방이 유관순 열사*가 계시던 곳이야."

설쌤은 방 안의 벽에 마법의 분필로 태극기를 그렸어요. 그러자 태극기가 살아 있는 듯 펄럭이면서 한 여학생의 모습이 보였어요. 바로 유관순 열사였어요. 유관순은 아주 앳돼 보였어요. 셋은 멍하니 서서 유관순을 바라보았어요.

"모두 준비한 태극기를 품속에 품어. 거리로 나가서 다 같이 태극기를 들고 외치는 거야."

유관순이 이화 학당에서 친구들에게 태극기를 나누어 주고

열사(烈士) 烈 세찰 **열** 士 선비 **사**
나라를 위해 충성을 다하여 싸운 사람을 뜻하는 말이에요.

있었어요. 1919년 3월 1일이었지요. 유관순과 학생들은 손을 맞잡고 거리로 나갔어요. 그러다가 한순간 달리기 시작했어요. 유관순이 먼저 품에 숨겨 둔 태극기를 꺼내 들었어요.

"대한 독립 만세! 일본은 물러나라!"

여기저기에서 만세를 외쳤어요.

"대한 독립 만세! 대한 독립 만세!"

그때 저 멀리에서 일제의 헌병 경찰들이 총을 들고 뛰어오는 것이 보였어요. 유관순과 학생들은 달아났어요. 어디선가 총성이 들려왔지요.

그때 설쌤이 칠판지우개를 꺼내어 황급히 태극기를 지웠어요. 온달이 궁금해하며 물었어요.

"왜 지워요?"

설쌤이 온달과 평강의 손을 붙잡고 아래에 웅크리게 했어요. 어디선가 발걸음 소리가 들렸어요. 뚜벅뚜벅 거침없는 발소리가 형무소 복도를 울리고 있었어요. 평강이 살며시 문을 열고 내다보았다가 큰 소리를 낼 뻔했어요.

"어? 저게 뭐야? 저건 형무소 간수 귀신 같아요!"

설쌤이 문을 닫고 발걸음 소리가 사라지길 기다렸어요.

"이곳엔 아직도 그때의 기억들이 사라지지 않고 있나 봐."

설쌤이 다시 벽에 태극기를 그렸어요. 태극기가 펄럭이면서 주위로 영상이 다시 보였어요.

"잘 봐 봐! 유관순 열사는 이화 학당에 다닐 때 삼일 운동에 참여했고, 3월 5일의 만세 시위에도 참여했단다. 그런데 학교에 휴교령이 내려져서 고향인 천안에 내려갔어. 3월 1일 이후에도 만세 운동은 계속되었는데 유관순 열사는 고향에 내려가서도 앞장서서 만세 운동을 벌였어. 저긴 천안 쪽의 아우내 장터야."

1919년 4월 1일이었어요. 아우내 장터에는 수천 명의 사람이 모여들었어요. 그날은 장날이었거든요. 고향으로 내려갔던 유관순은 그 전부터 이날을 만세 시위를 벌이는 날로 계획했어요. 천안 지역의 사람들에게 경성의 상황을 설명하고, 함께 만세 시위를 벌일 것을 설득했지요.

수천 명이 모인 아우내 장터에서 드디어 만세 시위가 시작되었어요. 여기저기에서 태극기를 흔들며 만세를 불렀어요.

가장 선두*에 유관순 열사가 있었어요.

"대한 독립 만세!"

그때 어디선가 일제 헌병 경찰들이 나타났어요. 헌병 경찰들은 총부리를 시위대를 향해 겨누었고, 이에 놀라 달아나는 사

선두(先頭)　　先 먼저 선　頭 머리 두
대열이나 행렬, 활동 등에서 맨 앞을 말해요.

람들이 보였어요. 그곳에는 시위대도 있었지만, 장을 보러 온
사람들도 섞여 있었지요.

하지만 유관순 열사를 비롯한 시위대는 굴하지 않고 만세를
불렀어요.

"대한 독립 만세!"

"대한 독립 만세!"

그때 총소리가 울리기 시작했어요.

탕! 탕! 탕탕탕!

한 사람이 총알을 맞고 쓰러졌고, 그 옆의 사람이 또 총알을 맞고 쓰러졌어요. 앞서 달리던 유관순 열사가 쓰러지는 사람을 보고 외치며 달려갔어요.

"아버지! 어머니!"

유관순 열사의 아버지와 어머니가 총을 맞고 쓰러진 것이었어요. 그때 헌병 경찰들이 달려와 유관순 열사를 붙잡았어요. 유관순 열사는 붙잡혀 가면서도 만세를 불렀어요.

그때 또 형무소 복도에서 발소리가 들렸어요. 평강이 화들짝 놀라 몸을 웅크렸어요. 설쌤이 칠판지우개로 태극기를 지우자, 영상이 스르르 사라졌어요.

"유관순 열사는 만세 운동을 하다가 붙잡혀서 공주 지방 법원의 간옥에서 재판받았어. 그리고 서대문 형무소로 옮겨져서 마지막을 이곳에서 보냈지."

온달이 눈물을 찔끔 흘렸어요.

"유관순 열사는 어린 나이에도 참 대단했네요. 부모가 죽고 무자비한 고문을 당하면서도 굴하지 않았다고 들었어요."

"맞아! 유관순 열사는 이곳에서도 만세 운동을 했어. 그럴 때마다 끌려 나가 고문을 받았단다. 결국 출소를 딱 하루 남겨

두고 고문의 후유증으로 이곳에
서 돌아가시고 말았어."

평강이 벽을 짚으며 울었어요.

"참 안됐어요. 하루를 더 버티
지 못했네요."

그때 누군가 감방의 문을 쿵쿵
두드렸어요.

온달이 몸을 덜덜 떨며 설쌤에게 졸랐어요.

"이제 여기에서 나가면 안 될까요? 저, 무섭단 말이에요."

설쌤이 몸을 일으켜 살금살금 문 쪽으로 갔어요. 문을 살짝
열고 나갈 때 복도 끝에서 누군가가 걸어오는 것 같았어요.

그 순간 발걸음 소리가 복도를 요란하게 울렸어요. 한 사람
의 것이 아닌 것 같았어요.

"잡아라! 저기 탈출을 하려 한다! 죄수를 잡아라!"

복도 저편에서 간수 귀신들이 우르르 달려오고 있었어요.

"으악, 정말 여기에 그 옛날 형무소의 간수들이 귀신이 되어
살고 있나 봐요."

"정말 그런가? 어서 달아나자!"

그런데 그만 설쌤이 뛰어가다가 마법의 분필을 바닥에 떨어

뜨리고 말았어요.

"아이코, 큰일 났네."

그때 신기한 일이 일어났어요. 마법의 분필이 바닥에서 저절로 그림을 그리고 있었어요. 그건 태극기였어요. 태극기 주위로 영상이 펼쳐지더니 한복을 입은 사람들이 스르르 나타나서 태극기를 흔들었어요.

설쌤과 온달, 평강은 우두커니 서서 지켜보았어요.

일본 간수들이 달려오고 있었고, 그 앞을 막은 한복 입은 사람들이 태극기를 들고 만세를 외쳤어요.

"대한 독립 만세!"

"대한 독립 만세!"

맨 앞에 유관순 열사가 서 있었어요. 유관순 열사는 훗날 일제로부터 독립된 것을 아는지 행복한 표정이었어요. 설쌤이 바닥에 떨어진 분필을 얼른 주워 들었어요. 그 순간 모두 사라지고, 형무소의 복도에는 다시 적막*만 흘렀어요.

설쌤이 형무소를 나오며 말했어요.

"저분들을 잊지 않아야 해. 지금의 우리를 있게 해 준 분들이란다."

적막(寂寞)　寂 고요할 적　寞 쓸쓸할 막
고요하고 쓸쓸하단 뜻이에요.

유관순과 함께한 여성 독립운동가들

남자현

삼일 만세 운동에 참여한 것을 계기로 만주로 망명하면서 본격적으로 독립운동에 뛰어들었어요. 서로 군정서에 가입해 군자금 모집, 독립운동가 옥바라지 등을 하다가 무장 투쟁에 적극적으로 나섰어요. 국내에 두 차례 잠입했는데, 두 번째는 사이토 마코토 총독을 암살하기 위해서였지요. 만주국 주재 일본 전권 대사를 살해하려 폭탄과 무기를 휴대하고 가다가 체포되어, 6개월간 옥고를 치르다가 단식 투쟁 끝에 순국했어요.

내 일생을 우리나라의 자주독립을 위해 바치겠다.

김마리아

일본에서 유학 중 대한민국 임시 정부의 독립운동에 참여하기 시작해 비밀 모임과 활동을 시작했어요. 삼일 운동 직후 귀국해 여성 중심의 비밀 결사체인 '대한 애국 부인회'를 결성해 독립운동가들을 지원했어요. 독립운동 자금을 모으기 위해 애썼고, 항일 독립운동의 중요성을 전파하고 참여를 이끌었어요.

권기옥

평양 일대에서 군자금을 모으는 활동을 하다가 삼일 운동에 참여해 옥고를 치렀어요. 1920년 이후 임시 정부에 들어갔고, 1923년 임시 정부의 추천을 받아 윈난육군항공학교의 1기생으로 입학한 후, 1925년에 비행사 자격을 땄지요. 한국 최초의 비행 조종사가 되어 중국군에 편성되어 항일 전투에 참여했어요. 그 후 대한 독립군 대령으로 전역해 대한 애국 부인회를 이끌며 독립에 힘썼지요.

윤희순

최초의 여성 의병장이에요. 시아버지인 춘천 의병장 유홍석의 영향을 받아 1895년 을미사변(명성 황후가 시해된 사건) 이후 의병이 되었고, 한글로 된 의병가를 지어 의병들의 사기를 드높이며 의병들의 옷과 음식을 조달하는 등의 활동도 이어갔어요. 대한 제국군이 해체되자 군자금을 모아 화약 제조소를 운영하는 등 독립운동가들을 지원하는 활동을 왕성하게 벌였지요.

독립운동가들의 고통이 남은 서대문 형무소

①시구문
사형 집행 후 시신을 바깥의 공동묘지로 옮기기 위해 연결한 통로예요.

②사형장
1층에는 교수형을 집행하는 시설이 있고, 마루판 밑의 지하실은 시신을 수습하는 공간이에요.

③격벽장
수감자들이 햇볕을 쬐거나 운동을 하던 곳이에요. 감시대를 세워 간수가 수감자들을 감시했어요.

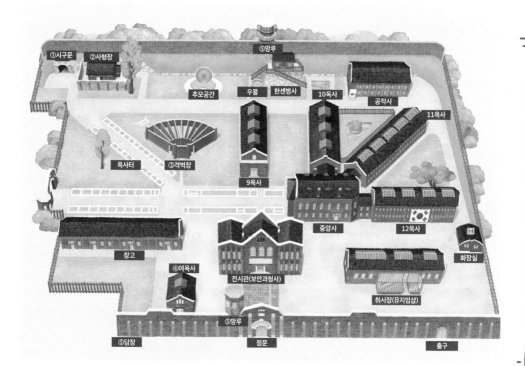

①시구문　②사형장　⑤망루

추모공간　우물　한센병사　10옥사　공작사

옥사터　③격벽장　9옥사　11옥사

창고　중앙사　12옥사　화장실

④여옥사　전시관(보안과청사)　취사장(뮤지엄샵)

⑤담장　⑤망루　정문　출구

④여옥사
여성 미결수를 가뒀던 감옥이에요. 일제 강점기에 여성 항일 독립운동가들이 이곳에 갇혀 고난을 겪었어요.

⑤망루와 담장
망루는 수감자들의 탈옥을 막고 감시하기 위한 건물로 높이는 10미터였어요. 담장은 4미터 높이의 벽돌담으로 쌓았어요.

어서 나가자!

유관순 누나가
너무 불쌍해요.

이분들의 숭고한 희생이
있었기에 우리가 이렇게 평화롭게
지낼 수 있는 거란다.

설쌤! 저 결심했어요.
저도 이분들에게 부끄럽지
않은 후손이 될래요.

맞아요. 어린 나이에
모진 고문을 견뎌야
했다니….

다음 날

민석이가 다리를 다쳐서
계주에 못 나가게 됐어요.
추천하고 싶거나 계주로 나가고
싶은 친구 있나요?

온달을
추천합니다!

그럼
온달이 계주로
나가 볼래?

네?

그래. 무왕과 문무왕, 장보고와 정약용처럼 나도 진취적인 기상을 가져야지.

네. 하겠습니다!!

자, 여러분 용기를 내 준 온달에게 박수~!

온달, 파이팅!

잘됐다! 계주 하고 싶어했잖아. 근데 표정이 왜 그래?

모든 것엔 책임이 따르잖아. 굳센 마음을 실현하기 위해선 철저한 준비가 필요한 법이야.

온달이 이번 역사 여행을 통해 많이 배웠나 본데?

○○초등학교 체육대회

온달아! 파이팅! 꼭 1등해야 해!

크흑, 이대로 포기할 순 없어…!

파 파 팟

와아아

온달아, 정말 감동적이었어!

괜찮아요.

아까 넘어진 건 괜찮니?

우리 조상들이 겪은 시련에 비하면 아무것도 아닌걸요.

이제 부마가 될 자격이 충분한 것 같아. 당장 혼례를 치르자!

으아아!! 난 아직 준비가 안 됐다고~!!

뭐, 뭐라고?

이리 와! 나의 신랑~!

푸다다닥

불교문화가 빛났던 삼국 시대

익산 미륵사지 석탑

백제 무왕 때 창건된 미륵사에 있는 석탑. 우리 나라 석탑 중 가장 규모가 크며, 원래는 9층이 었을 것으로 추정되나 일부가 훼손되어 현재는 6층만 남아 있다.

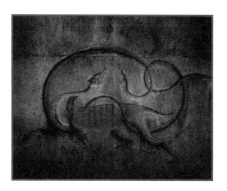

강서대묘 사신도

북한 평안남도 강서군에 있는 고구려의 무덤으로 내부에서 예술적으로 뛰어난 벽화들이 발견되었다.

김제 벽골제 수문

벽골제는 백제 비류왕 때 만들어진 것으로 보이는 우리나라 에서 최초로 쌓아 만든 저수지이다. 이러한 저수지를 축조할 토목 기술이 그 당시에도 발달했다는 것을 알 수 있다.

금동 반가 사유상

일제 강점기 시기에 밀반출되어 출토지가 불명확하다. 6~7세기 삼국 시대 불교 조 각 중 최고의 작품이란 평을 받고 있다.

무용총 수렵도

중국 지린성 지안시에 있는 고구려 무덤 무용총에 있는 벽화. 고분의 내부에는 사냥하는 모습을 그린 수렵도와 춤추는 모습을 그린 무용도가 있다.

천마총

5~6세기경에 조성된 것으로 보이는, 경주에 있는 신라의 돌무지덧널무덤. 내부에서 금관 등의 장식류, 무기류 등 11,526점의 유물이 출토되었다.

금동 대향로

백제 능산리 무덤들 사이 절터 서쪽 구덩이에서 450여 점의 유물들과 함께 발견되었다. 백제 금속 공예 최고의 걸작품으로 꼽힌다.

첨성대

신라 선덕 여왕 때 건립된 것으로 알려진 경주에 있는 동양에서 가장 오래된 천문대. 높이가 약 9미터에 달하며, 천체의 움직임을 관찰하기 위한 목적으로 세워졌다고 한다.

북한산 신라 진흥왕 순수비

서울 북한산 비봉 정상에 세워졌던 비석. 신라 진흥왕이 새로 확장한 영토를 돌아보며, 여러 곳에 세운 순수비 중 하나이다.

분황사 모전석탑

신라 선덕 여왕 3년 분황사 창건 때 함께 세워진 것으로, 경주에 있다. 부드러우면서도 힘찬 인왕산 조각이 인상적이며, 탑 내부에서 사리함과 구슬 등의 유물이 나왔다.

157

다채로운 문화를 품은 남북국 시대

발해 정효 공주 묘

중국 길림성 용두산에서 발굴된 발해 제3대 문왕의 넷째 딸인 정효 공주의 묘. 벽화에 발해인의 모습들이 그려져 있고, 돌사자상을 비롯한 유물들이 발견되었다.

발해 수막새

수키와가 쭉 이어져 형성된 기왓등의 끝에 드림새를 붙여 만든 기와를 수막새라고 한다. 발해의 수막새는 연꽃이 표현되어 있는 점이 특징적이다.

발해 용머리상

발해의 수도였던 상경성 등에서 발견된 용머리상은 궁궐 등의 건축물을 장식하던 조각으로 추정한다.

상원사 동종

강원도 평창군 상원사에 있는 종으로 현존하는 우리나라의 가장 오래된 종이다. 725년, 통일 신라 성덕왕 때 주조된 것이다.

불국사 다보탑

경주 토함산에 위치한 불국사에 있는 탑이다. 불국사는 통일 신라 시대인 751년 경덕왕 때 김대성에 의해 더 크게 지어졌고, 이때 만든 탑이다.

불국사 석가탑

그림자가 없는 무영탑이라고도 불린다. 아사달과 아사녀, 영지(그림자 호수)에 대한 전설이 얽힌 이름이다.

성덕 대왕 신종

경덕왕이 아버지인 성덕왕의 공덕을 기리기 위해 주조를 시작했고 혜공왕 때인 771년에 완성하여 봉덕사에 매달았다. 에밀레송으로도 불리며 지금은 경주 박물관에 보존되어 있다.

석굴암

751년 경덕왕 때 김대성이 주도해 창건된 것으로 알려진 암자이다. 경주 토함산 동쪽에 있으며 석굴의 안쪽에 있는 본존불은 예술적 가치가 아주 높다고 평가받고 있다.

웅장하고 아름다운 고려 시대

부석사 무량수전

경북 영주시 부석사에 있는 고려 중기의 건축물이다. 부석사는 통일 신라 문무왕 때 의상이 세운 사찰로 1376년에 불에 탄 건물을 다시 세웠고, 무량수전은 이때 만들어졌다. 우리나라에서 가장 오래된 목조 건축물로, 기둥 모양이 배흘림 모양이다.

청자 상감 모란당초문 표형 주자

고려 시대는 고려청자가 유명하다. 빛깔이 은은하고 고운 고려청자는 그릇과 주전자 등 다양한 도기 형태로 만들어졌는데 문양도 다양해서 예술 작품에 가깝다.

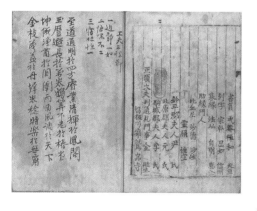

직지심체요절

1372년 고려 공민왕 때 백운화상 경한이 상하 2권으로 엮은 불교 서적이다. 세계에서 현존하는 가장 오래된 금속 활자본으로 프랑스 국립 도서관에 보관되어 있다.

삼국사기

1145년 고려 인종 때 김부식 등이 편찬한 삼국 시대를 기록한 역사서. 삼국유사가 고려 시대에 승려 일연이 삼국 시대의 역사를 이야기 형식으로 기록한 책이라면 삼국사기는 좀 더 사실에 입각한 역사서라고 할 수 있다.

팔만대장경

고려 고종 1236년에 시작해 1251년까지 16년에 걸쳐 완성한 고려의 대장경이다. 몽골의 외침을 부처의 힘으로 막고자 간행한 것으로, 대장경 중에 세계에서 가장 오래된 것이며 경상남도 합천의 해인사에 보관 중이다.

관촉사 석조 미륵보살 입상

고려 광종이 명령하여 만들어진 불상이다. 충청남도 논산의 관촉사에 있으며 통일 신라 시대의 불상과 비교하면 파격적인 아름다움을 지니고 있다.

천산대렵도

고려 말 공민왕이 직접 그린 것으로 알려진 그림이다. 곤륜산의 북쪽 자락인 음산에서 사냥하는 모습을 그렸다 해서 음산대렵도라고도 불린다.

택견

국가 무형 문화유산으로 지정된 택견은 고구려 벽화에 남아 있는 수박희란 맨손 겨루기 무예로, 고려 시대 때는 무인들이 연마하던 무예였다. 이를 계승한 것을 택견으로 보고 있다.

전통문화를 완성한 조선 시대

숭례문

우리나라 주요 국보 중 하나이다. 조선 시대의 사대문에는 동대문인 흥인지문, 서대문인 돈의문, 남대문인 숭례문이 있다. 북대문의 경우 원래대로라면 홍지문이지만 숙정문이 그 기능을 맡았다.

경복궁

태조 이성계가 즉위 3년째인 1394년에 시작하여 그 이듬해에 완성된 궁궐로 조선 시대의 대표적인 궁궐이다. 경복궁에는 경회루를 비롯한 다양한 궁궐 내부의 문화재들이 있는데 사진은 경복궁 근정전의 모습이다.

조선 왕릉

조선 왕들의 능인 왕릉은 곳곳에 흩어져 있다. 사진으로 보이는 태종과 왕비의 능인 헌릉은 서울 서초구, 세조와 왕비의 능인 광릉은 경기도 남양주시에 있다. 18곳에 산재해 있는 총 40기의 조선 왕릉은 유네스코 문화유산으로 지정되어 있다.

종묘

조선 시대 역대 왕과 왕비의 신위를 모신 곳이다. 해마다 조선의 왕과 왕비들을 기리기 위한 제사를 이곳에서 모시고 있으며, 이를 종묘 제례라고 한다.

원각사지 십층 석탑

서울 종로구 원각사터에 있는 십층 석탑으로, 조선 시대의 석탑 중 걸작품으로 꼽히며 국보로 지정되어 있다. 지금의 탑골 공원에 있다.

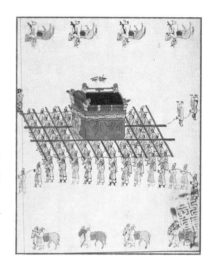

조선 왕조 의궤

의궤는 조선 왕실의 행사 등을 글과 그림으로 기록해 남긴 책이다. 이 의궤는 서울대 규장각과 강화도의 외규장각 등에 보관했는데, 프랑스에 유출되었던 외규장각 의궤는 2011년 4월에 영구 대여 형식으로 우리나라로 반환되었다.

단원풍속도첩

조선 시대의 화가 김홍도의 그림은 뛰어난 조선 시대의 그림으로 꼽힌다. 단원은 김홍도의 호이며, 김홍도는 이 씨름 그림 외에 백성들의 생활 모습을 그린 그림을 많이 남겼다.

신윤복의 풍속도

신윤복은 김홍도와 함께 조선의 대표적인 화가이다. 조선 후기의 관료이자 화가였던 신윤복은 산수화와 풍속화를 잘 그렸다. <미인도> 등의 그림이 유명하다.

삼국 및 남북국 시대

1 삼국 및 남북국 시대에 관한 설명 중 옳은 것에는 ○에, 틀린 것에는 ✕에 동그라미를 쳐 봐.

(1) 고려 시대 승려 일연이 쓴 《삼국유사》에는 삼국 시대의 이야기가 기록되어 있어. 훗날 성왕이 되어 백제를 부흥한 '서동요'의 주인공 서동과 신라 선화 공주의 사랑 이야기도 담겨 있어.

(○ , ✕)

(2) 문무왕은 아버지인 태종 무열왕이 백제를 멸망시킨 후인 661년 신라의 왕위에 올라 김유신과 함께 668년에 고구려를 멸망시키며 삼국 통일을 이룩했고, 그 후 당나라군을 한반도 남쪽 땅에서 몰아냈어.

(○ , ✕)

(3) 장보고는 통일 신라 때 당나라로 건너가 장수로 활약하다가 돌아와 완도에 청해진을 설치하고, 해적들을 물리쳤어. 청해진은 당나라와 일본을 오가는 국제 무역의 거점이 되었지.

(○ , ✕)

2 다음 사진과 설명을 보고 서로 맞는 것끼리 선으로 연결해 봐.

무용총 수렵도

익산 미륵사지 석탑

천마총

백제

고구려

신라

3 빈칸에 들어갈 알맞은 단어를 쓰고, 아래의 글 상자에도 표시해 봐.

문	무	왕	건	최
돌	김	유	신	영
양	춘	성	첨	혼
관	추	룡	성	천
우	선	문	대	의

(1) ☐☐☐ 은 신라의 무신으로 무열왕과 문무왕을 도와 삼국 통일 전쟁을 주도해서 태대각간이라는 전무후무한 최고 관직을 받았어.

(2) 신라 선덕 여왕 때 건립된 것으로 알려진 경주에 있는 동양에서 가장 오래된 천문대인 ☐☐☐ 는 높이가 약 9미터에 달하며, 천체의 움직임을 관찰하기 위한 목적으로 세워졌다고 해.

4 아래 〈보기〉를 보고 사건이 일어난 순서대로 기호를 적어 봐.

─────〈보기〉─────
ㄱ 고구려 멸망   ㄴ 백제 멸망
ㄷ 청해진 설치   ㄹ 당나라 축출

(   )

1 고려 시대에 관한 설명 중 옳은 것에는 ○에, 틀린 것에는 × 에 동그라미를 쳐 봐.

(1) 고려의 수도는 개경이었는데, 고려 인종 때 이자겸의 난으로 궁궐 이 파괴되고, 나라가 혼란해지자 묘청을 비롯한 서경 세력들이 수 도를 서경으로 옮겨야 한다는 서경 천도설을 주장했어. (○ , ×)

(2) 고려 문종의 아들인 지눌은 왕자의 신분으로 승려가 되어 불교에 귀의했어. 송나라에 유학을 다녀온 후, 천태종을 창시하고 불교 전파에 힘을 쏟았지. (○ , ×)

(3) 고려 말, 새로운 왕조를 건설하려던 세력에 맞서 고려 왕조를 끝 까지 지키려 한 정몽주는 자신을 찾아온 이방원에게 굽히지 않는 자신의 뜻을 전하는 시를 지었어. 훗날 이 시를 '하여가'라고 부르 고 있어. (○ , ×)

2 빈칸에 들어갈 알맞을 말을 〈보기〉에서 찾아 써 봐.

〈보기〉

삼국사기　　중랑교　　삼국유사　　선죽교

---

(1) 1145년경에 김부식 등이 고려 인종의 명을 받아 편찬한 역사서 (　　　　)는 고구려, 백제, 신라, 통일 신라의 역사를 기록하 고 있어.

(2) 고려 말의 문신 정몽주는 새로운 왕조 건설에 참여한 세력과 대립 하다가 1392년에 (　　　)에서 죽임당했어.

3 다음 고려 시대의 문화재에 대한 사진과 설명을 보고 서로 맞는 것끼리 선으로 연결해 봐.

세계에서 가장 오래된
금속 활자본

우리나라에서 가장
오래된 목조 건축물

몽골의 외침을
막기 위해 간행함

부석사 무량수전

팔만대장경

직지심체요절

4 다음에서 설명하고 있는 역사적 사건은 무엇인지 빈칸에 써 봐.

1135년 고려 인종 13년에 묘청을 중심으로 서경 천도파가 개경 문벌 귀족에 대항해 일으킨 정변이야. 왕을 황제로 칭하자는 '칭제건원'과 금나라를 정벌하자는 '금국정벌론' 등을 주장하며 정변 세력을 키웠지만, 1년여 만에 관군의 총공격을 받아 서경성이 함락되며 실패로 끝나고 말았어.

(   )

1 조선 시대에 관한 설명 중 옳은 것에는 ○에, 틀린 것에는 ×에 동그라미를 쳐 봐.

(1) 병자호란은 조선 인조 때인 1636년 12월부터 1637년 2월까지 조선과 청나라 사이에 벌어진 전쟁이야. 인조와 조정은 남한산성에서 항전하였으나 청의 포위로 인한 굶주림과 추위, 왕실이 피난한 강화도의 함락 등으로 말미암아 항복하고 말아.　　　(○ , ×)

(2) 안용복은 조선 숙종 때의 영의정으로 직접 일본으로 몇 차례나 건너가서 독도가 우리 땅이라는 것을 일본 정부로부터 승인받았어.
　　　　　　　　　　　　　　　　　　　　　　(○ , ×)

(3) 조선 정조 때의 학자 정약용은 남한산성을 건축할 때 자신이 고안한 거중기를 사용하도록 했어.　　　　　　　　(○ , ×)

2 조선 시대 문화재에 대한 설명을 잘 읽고, 빈칸에 정답을 써 봐.

(1)

조선 시대 역대 왕과 왕비의 신위를 모신 곳이다. 해마다 조선의 왕과 왕비들을 기리기 위한 제사를 이곳에서 모시고 있다.

(　　　　　　　　　　　)

(2)

조선 시대의 화가인 이 사람의 그림은 뛰어난 조선 시대의 그림으로 꼽힌다. 단원은 이 사람의 호이며, 단원은 이 씨름 그림 외에 백성들의 생활 모습을 그린 그림을 많이 남겼다.

(　　　　　　　　　　　)

3 빈칸에 들어갈 알맞은 단어를 쓰고, 아래의 글 상자에도 표시해 봐.

정	현	독	유	진
삼	전	도	경	수
라	병	다	복	원
만	창	경	궁	화
상	균	사	비	성

(1) 신라 때는 울릉도와 함께 ☐☐ 를 우산국이라고 불렀어. 이 사부가 정벌에 성공해 신라의 영토로 삼았고 그 이후로 조선 시대에 이르기까지 왜구의 침범이 계속되었어.

(2) 병자호란 때 조선의 인조가 남한산성에서 나와 청태종에게 항복한 사건을 ☐☐☐ 의 굴욕이라 해.

(3) ☐☐☐☐ 은 조선 제22대 왕인 정조가 아버지인 사도세자의 능을 수원 화산으로 옮기면서 그 인근에 쌓은 성이야.

4 아래 〈보기〉를 보고 사건이 일어난 순서대로 기호를 적어 봐.

〈보기〉

ㄱ 임진왜란   ㄴ 조선 건국

ㄷ 병자호란   ㄹ 북학파 등장

(   )

5 다음 독립운동가들에 대한 사진과 설명을 보고 서로 맞는 것끼리 선으로 연결해 봐.

한국 최초의 비행기 조종사가
되어 항일 투쟁에 참여

최초의 여성
의병장

대한 애국 부인회를 결성해
독립운동가들을 지원

•

•

•

•

•

•

윤희순

권기옥

김마리아

6 아래 사진과 설명을 보고 이곳이 어디인지 이름을 적어 봐.

일제 통감부가 식민 통치에 저항하는
독립운동가들을 투옥하기 위해 1907
년에 오늘날의 서대문구 지역에 건설
하여 1908년 10월에 문을 연 감옥을
가리키는 말이다.

(   )

정답

164-165쪽

1. (1) ×   (2) ○   (3) ○

2.

무용총 수렵도   익산 미륵사지 석탑   천마총

백제   고구려   신라

3.

문	무	왕	건	최
돌	김	유	신	영
양	춘	성	첨	혼
관	추	룡	성	천
우	선	문	대	의

(1) 김유신   (2) 첨성대

4. ㉡ → ㉠ → ㉣ → ㉢

166-167쪽

1. (1) ○   (2) ×   (3) ×

2. (1) 삼국사기

(2) 선죽교

3.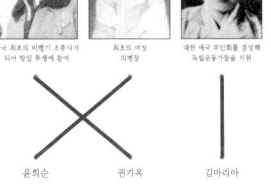

세계에서 가장 오래된 금속 활자본   우리나라에서 가장 오래된 목조 건축물   불길의 위험을 막기 위해 간행함

부석사 무량수전   팔만대장경   직지심체요절

4. 묘청의 난

168-170쪽

1. (1) ○   (2) ×   (3) ×

2. (1) 종묘   (2) 김홍도

3.

정	현	독	유	진
삼	전	도	경	수
라	병	다	복	원
만	창	경	궁	화
상	균	사	비	성

(1) 독도   (2) 삼전도

(3) 수원 화성

4. ㉡ → ㉠ → ㉢ → ㉣

5.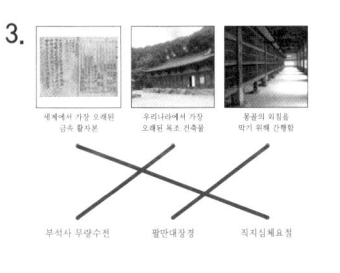

한국 최초의 비행기 조종사가 되어 항일 투쟁에 참여   최초의 여성 의병장   대한 애국 부인회를 결성해 독립운동가들을 지원

윤희순   권기옥   김마리아

6. 서대문 형무소

대단원	소단원	학습 주제	설민석의 가장 쉬운 한국사
5학년 2학기 1. 옛 사람들의 삶과 문화	(1) 나라의 등장과 발전	고조선의 건국과 발전 과정을 알아봅시다	**1장 1화** 호동 왕자님을 위해서라면!
		고구려, 백제, 신라의 성립과 발전 과정을 알아봅시다	**1장 1화** 호동 왕자님을 위해서라면! **1장 2화** 서경으로 천도하라! **1장 3화** 임 향한 일편단심이야 가실 줄~ **2장 1화** 서동이 마를 캐는 아이였다고? **3장 1화** 고구려의 영토를 넓혀라! **권말 부록** 시대별 문화유산 – 삼국 시대
		신라의 통일 과정과 발해의 성립 및 발전 과정을 알아봅시다	**2장 2화** 동해의 용이 되어 지키겠다! **2장 3화** 해적을 모두 무찔러라! **3장 1화** 고구려의 영토를 넓혀라! **권말 부록** 시대별 문화유산 – 삼국 시대
		고구려와 백제의 문화유산을 알아봅시다	**2장 1화** 서동이 마를 캐는 아이였다고? **3장 1화** 고구려의 영토를 넓혀라! **권말 부록** 시대별 문화유산 – 삼국 시대
		신라와 가야의 문화유산을 알아봅시다	**2장 1화** 서동이 마를 캐는 아이였다고? **2장 2화** 동해의 용이 되어 지키겠다! **권말 부록** 시대별 문화유산 – 삼국 시대
		불국사와 석굴암의 우수성을 알아봅시다	**권말 부록** 시대별 문화유산 – 남북국 시대
	(2) 독창적 문화를 발전시킨 고려	고려의 건국과 후삼국 통일을 알아봅시다	**1장 2화** 서경으로 천도하라! **권말 부록** 시대별 문화유산 – 고려 시대
		서희와 강감찬의 활약을 중심으로 거란의 침입과 극복 과정을 알아봅시다	**1장 2화** 서경으로 천도하라! **1장 3화** 임 향한 일편단심이야 가실 줄~
		몽골이 침입했을 때 고려가 한 대응이 무엇인지 알아봅시다	**권말 부록** 시대별 문화유산 – 고려 시대
		고려청자에 담긴 우수성과 당시 사람들의 생활 모습을 알아봅시다	**권말 부록** 시대별 문화유산 – 고려 시대
		팔만대장경을 보며 고려의 기술과 문화를 알아봅시다	**권말 부록** 시대별 문화유산 – 고려 시대
		금속 활자를 살펴보며 고려의 기술과 문화를 알아봅시다	**권말 부록** 시대별 문화유산 – 고려 시대
	(3) 민족 문화를 지켜 나간 조선	조선의 건국 과정을 알아봅시다	**1장 3화** 임 향한 일편단심이야 가실 줄~ **1장 4화** 청나라 황제께 항복하옵니다! **권말 부록** 시대별 문화유산 – 조선 시대
		세종 대에 이루어 낸 발전에는 무엇이 있는지 알아봅시다	**1장 3화** 임 향한 일편단심이야 가실 줄~ **1장 4화** 청나라 황제께 항복하옵니다!
		유교 질서를 바탕으로 한 사회 모습을 알아봅시다	**1장 4화** 청나라 황제께 항복하옵니다! **2장 4화** 수원 화성을 설계하라!

대단원	소단원	학습 주제	설민석의 가장 쉬운 한국사
		임진왜란이 일어난 과정과 이를 극복하기 위한 노력을 살펴봅시다	**1장 3화** 임 향한 일편단심이야 가실 줄~ **3장 2화** 신에겐 아직 12척의 배가 있습니다!
		병자호란이 일어난 과정을 살펴봅시다	**1장 4화** 청나라 황제께 항복하옵니다!
5학년 2학기 2. 사회의 새로운 변화와 오늘날의 우리	(1) 새로운 사회를 향한 움직임	영조와 정조의 개혁 정책을 알아봅시다	**2장 4화** 수원 화성을 설계하라!
		조선 후기에 사회 문제를 해결하려고 했던 노력을 알아봅시다	**2장 3화** 해적을 모두 무찔러라! **2장 4화** 수원 화성을 설계하라!
		서민 문화에 나타난 사람들의 생활 모습을 알아봅시다	**권말 부록** 시대별 문화유산 – 조선 시대
		흥선 대원군의 정책과 강화도 조약을 살펴 보고 조선 후기 사회의 모습을 알아봅시다	
		갑신정변에 참여한 사람들의 주장을 알아봅시다	
		동학 농민 운동을 살펴보고 당시 사람들의 생각을 알아봅시다	
	(2) 일제의 침략과 광복을 위한 노력	대한 제국 시기에 자주독립과 근대화를 위해 어떤 노력을 했는지 알아봅시다	**3장 4화** 세상에 울려 퍼진 대한 독립 만세!
		을사늑약의 과정과 항일 의병의 노력을 알아봅시다	**3장 4화** 세상에 울려 퍼진 대한 독립 만세!
		나라를 지키기 위한 안중근의 노력을 알아봅시다	
		한국인들이 고국을 떠난 까닭을 일아봅시다	**3장 4화** 세상에 울려 퍼진 대한 독립 만세!
		3 · 1운동을 알아봅시다	**3장 4화** 세상에 울려 퍼진 대한 독립 만세!
		나라를 되찾으려는 대한민국 임시 정부의 노력을 알아봅시다	**3장 4화** 세상에 울려 퍼진 대한 독립 만세!
		나라를 되찾으려는 다양한 노력을 알아봅시다	**3장 3화** 일본인은 이곳을 떠나라! **3장 4화** 세상에 울려 퍼진 대한 독립 만세!
	(3) 대한민국 정부의 수립과 6 · 25 전쟁	8 · 15 광복의 과정을 알아봅시다	**3장 4화** 세상에 울려 퍼진 대한 독립 만세!
		한반도 분단의 과정을 알아봅시다	
		대한민국 정부 수립의 의미를 알아봅시다	
		6 · 25 전쟁의 전개 과정과 그 결과를 알아봅시다	
		6 · 25 전쟁으로 사람들이 겪은 어려움을 알아봅시다	**3장 3화** 일본인은 이곳을 떠나라!

설민석의 한국사 대모험 스토리 시리즈

초판 1쇄 인쇄 2024년 11월 20일
초판 1쇄 발행 2024년 11월 29일

글 | 김지균 그림 | 김창호 **감수** | 단꿈아이

발행인 | 심정섭 **편집인** | 안예남 **편집팀장** | 이주희 **편집** | 도세희 **외주 편집** | 김지균
제작 | 정승현 **브랜드마케팅** | 김지선, 하서빈 **출판마케팅** | 홍성현, 김호현
디자인 | 디자인룩

이미지 제공 | 공공누리, 연합뉴스, 위키피디아, 한국민족문화대백과사전, 동북아역사재단,
서대문구 도시관리공단, 국가유산청, 수원문화재단, 국립중앙박물관,
전쟁기념관, 한국학중앙연구원, 유네스코한국위원회, 게티이미지뱅크, 한국관광공사

인쇄처 | 에스엠그린
발행처 | ㈜서울문화사 **등록일** | 1988년 2월 16일 **등록번호** | 제2-484
주소 | 서울시 용산구 새창로 221-19
전화 | 02-799-9149(편집) 02-791-0752(출판마케팅)

ISBN 979-11-6923-347-7
ISBN 979-11-6923-312-5(세트)